审定序

古为今用，学以致用

最经典的原著精粹，最贴心的心灵辅导。

- 中华国学源远流长，千年文明积淀了"诸子百家"的思想精粹，成就了"经史子集"的文化大观，孕育了具有独特魅力的民族气质。这是我们中华子孙所能继承的最为珍贵的文化遗产。共享祖先的智慧结晶，研读中华传统国学精华，品悟经世流传的至上真理，含英咀华，对现代人尤其是青少年学生来说称得上一次精神的洗礼。

- 在成书过程中，编撰者在精读原典的基础上，将每部著作按照内容重点重新划分篇章，为青少年朋友提取最经典的原著精粹，奉献最精辟的解说注脚，提供最直接的生活指引，给予最贴心的心灵辅导。书中妙语如珠，处处闪现古圣先贤的大智大慧，结合现代人的生存现状，更有睿智独到的见解让人心生感慨，如沐化雨春风。读一段《论语》，领略"万世师表"诲人不倦；念一念《孟子》，体会一代亚圣的微言大义；诵一番《庄子》，品味千年圣者的才智思辨；品一出《孙子兵法》，喟叹兵家决胜千里的气度与韬略……

- 这套国学品悟大讲堂系列，一方面提高学生对国学经典的兴趣，了解中华优秀传统文化，更重要的是从中体会为人处世的道理和哲学，古为今用，学以致用，为自己积淀成功的人生。

国家一级语文教师 董 平

［鉴于往事，有资于治道］

国学品悟大讲堂

GUOXUE PINWU DAJIANGTANG

《资治通鉴》中的大智慧

古为今用,一套对中国学生真正有用的人生讲义

总策划/邢涛　主编/龚勋

让青少年受益一生的心灵鸡汤

汕头大学出版社

推荐序

品读经典，受益一生

还原国学真实面貌，与千年智者对话。

- 今天的人们在近百年内所接受的新事物比过去上千年积累的全部还要多，信息的更新速度已经超过了人们的学习速度。一些新知识、新思想还来不及仔细看上一眼就已经开始衰败，迅速成为历史的尘埃。

- 然而，那些在中国历史上辉煌过的传统文化却成为中华民族悠久文明的见证，成为民族的印记和符号。怎样让今天的孩子在这个一日千里、瞬息万变的信息时代里继承我们民族文化璀璨夺目的精华部分呢？这是留给今天的教育工作者的重大课题，也是本套丛书的初衷。

- 首先，不了解中华古典文化，尤其是不掌握其中的精华，将无从体会中华上下五千年一脉相承的精深大义。其次，《论语》《孟子》《庄子》《史记》《资治通鉴》《孙子兵法》《三十六计》，都是经典中的经典，每一部都能撑起一片广阔的文化天空。而在讲述方式上，娓娓道来的"品读"拂去了学术的长袍，回归经典本身，还原一个个真实亲切的智者，找寻亘古不变的真理，阅读变成一场与智慧大师的心灵对话。

- 就让这些映照过繁华盛世的民族文化穿越千年时空，带给当今青少年受益终身的人生智慧。这就是国学的力量。

青少年发展基金会　林春雷

前言

欲知大道，必先为史

鉴前世之兴衰，考当今之得失。

- 《资治通鉴》是北宋著名史学家司马光和他的助手刘攽、刘恕、范祖禹、司马康等人历经十九年的时间编纂而成的一部编年体通史巨著。全书共294卷，上起周威烈王二十三年，下至后周显德六年，前后跨越1362年，内容涵盖政治、经济、文化、人物等各个方面，自成书以来历代帝王将相、文人墨客争相阅读，成为为官从政者案头必备的历史参考书。

- 由于原书是按历史编年的写法编纂而成的，许多历史事件被分割成若干段落散落在不同的章节里，加之满书之乎者也，使现在的读者往往却步不前。有鉴于此，我们在忠于原著的基础上，从原著琐碎的叙述中抽取完整的故事，变文为白，按内容重新进行编排、整理后分为"品格意志""智慧谋略""为人处世"三章，以期这部鸿篇巨著能进入越来越多的"寻常百姓家"。为了更好地理解原书的主旨，我们还设置了"名师讲谈""闲话人生""心灵捕手"等小栏目，对原文进行了深入的剖析和解读，并通过一些寓意深远的小故事，映射出我们身边的生活细节，再借古喻今，使历史能真正成为指导我们人生的方向标。

目录

品格意志 | 001~062

一个个鲜活的人物为我们留下了一则则动人的故事。他们身上闪现的光芒，直至千百年后，依旧照耀着我们前行的路。

002　豫让复仇
　　　不要吝啬对别人的认可与赞美

006　商鞅变法
　　　人无信不立

010　窃符救赵
　　　每个人都很重要

014　荆轲刺秦王
　　　勇者无惧

018　王侯将相宁有种乎
　　　人生当立志

022　田横五百壮士
　　　维护你的尊严

026　司马迁直言遭腐刑
　　　阳光总在风雨后

030　苏武牧羊
　　　热爱祖国并非口号

034　昭君出塞
　　　活出自己的精彩

037　马革裹尸
　　　带着目标上路

040 杨震暮夜却金
　　无论做什么，总会有人知道

043 鞠躬尽瘁
　　为理想鞠躬尽瘁

047 竹林七贤
　　坚持原则

051 祖逖北伐
　　信念是永不凋谢的花

055 魏征敢言直谏
　　坚持是一种勇气

059 文成公主入藏
　　赠人玫瑰，手有余香

智慧谋略 | 063~110

智慧是对生活的深思。史书中那些超凡的智慧与谋略告诉我们，拥有智慧，比拥有力量和财富更能让我们受益无穷！

064 围魏救赵
　　避重就轻，迂回取胜

068 毛遂自荐
　　学习不只是学别人教给你的东西

072 奇货可居
　　迎接机遇之神

076 鸿门宴
　　做弱者也是一种智慧

080 背水一战
　　激发生命的潜能

084 挟天子令诸侯
　　他山之石，可以攻玉

088 官渡之战
　　兵强却为寡谋亡

092 赤壁之战
　　综合运用你的智慧

096 夷陵之战
　　选准时机，一举制胜

100 司马懿装病
　　韬光养晦，谦卑做人

103 孝文帝迁都
　　找到对方的软肋

107 李愬雪夜入蔡州
　　出其不意，攻其无备

为人处世 | 111~149

为人处世是一种更高层次的智慧,而能否在人生的长河中游刃有余地徜徉,是一个人是否拥有洞察世事的智慧的真实反映。

112　胡服骑射
不要被某些习惯束缚

116　将相和
求同存异

120　长平之战
绝知此事要躬行

124　李斯谏逐客
付出和接受同等快乐

128　刘邦入咸阳
拥有一颗洞察的心

132　垓下兵败
纠正性格中的缺点

136 张骞通西域
　　失之东隅，收之桑榆

140 王莽篡汉
　　丢掉虚伪，还以真诚

143 刘秀保全功臣
　　学会柔和

147 三顾茅庐
　　谦恭待人

品格意志

……敬慕先贤，高贵的品格意志点燃前行的灯……

- 钢是在烈火和急剧冷却中被锻炼出来的，所以它才如此坚硬。同理，优秀的品格和过人的意志一样经过了千锤百炼，所以才具有了钢铁的特性：坚强、不屈。

- 赤桥村前，豫让漆身吞炭，用自己的言行实践了"士为知己者死"的豪迈；咸阳宫里，荆轲挥剑一击，成功与否已不重要，"好名轻死，尚侠重义"的精神才是最值得珍藏与品味的瑰宝；北海荒地，苏武持节而立，瘦弱的身躯里有一个不屈的灵魂，昭示着对祖国社稷的坚贞；浩荡长江，祖逖中流击楫，虽历尽艰辛，却矢志不改……在这里，历史对于我们，不再是隔着时光的遥遥相望，它幻化成一个个鲜活的人物，在人生的舞台上，演绎出一则则动人的故事，也为我们树立了学习的榜样。直至千百年后，这些人物身上高贵的品格和顽强的意志仍旧闪烁着耀眼的光芒，照亮我们前行的路。

[品读经典故事]……

豫让复仇

——典出《资治通鉴·第一卷》——

公元前403年,赵、魏、韩三家瓜分了智氏的领地。赵氏首领赵襄子将智氏首领智瑶的头骨涂上漆,制成了酒器。智瑶的家臣豫让立志为主人报仇。他化装成罪人,怀揣着匕首,混入赵襄子的宫殿打扫厕所,伺机刺杀赵襄子。赵襄子上厕所时,忽然觉得很不安,于是派人四处搜查,抓获了豫让。手下的人要将豫让杀死,赵襄子说:"智瑶已经死了,这个人却还要为他报仇,真是一个义士。我以后小心避开他就是了。"于是,他命人释放了豫让。

豫让离开后,并没有放弃复仇的打算。为了避免被人认出来,他用漆涂遍了全身,使自己浑身生满癞疮,又吞下火炭,弄哑了喉咙。然后,豫让来到街市上乞讨,连他的妻子也认不出他了,但一个朋友却凭着背影认出了他。朋友流着泪对豫让说:"以你的才干,如果投靠赵襄子,一定会得到重用。到那个时候,你就可以为所欲为了,想报仇还不容易吗?何苦要这样折磨自己呢?"豫让笑着说:"要是我委身于赵氏为臣,再去刺杀他,就是怀有二心。虽然我现在的做法是极其困难的,但我还是要这样做,就是为了让天下为人臣子却怀有二心的人感到羞愧。"

有一天,赵襄子外出,豫让潜伏在一座桥下伺机刺杀他。可是,当赵襄子的马车经过那座桥时,马突然受惊。赵襄子立刻有所警觉,下令四处搜索,终于在桥下捕获了豫让。虽然豫让改变了相貌和声音,赵襄子还是认出了他。于是,赵襄子便命令手下人杀了他。

[名师讲谈]……

据记载，豫让死的时候，整个赵国的侠士都为他痛哭流涕，就连赵襄子也对他的行为赞赏有加，而后人更是对他推崇备至。今天，在太原市赤桥村仍保留着豫让祠的旧址，世世代代供人们凭吊。旁边的那座石桥便是著名的"豫让桥"，桥旁边的石头上刻着清康熙年间太原令殷峄所作的"豫让桥"诗一首："卧波虹影欲惊鸥，此地曾闻手戡仇。山雨往来时涨涸，岸花开落自春秋。智家鼎已三分裂，志士恩凭一剑酬。返照石栏如有字，二尽臣子莫经由。"此诗高度赞扬了豫让一心为主、毫无二心的精神。

为什么豫让会得到这么多人的赞颂和推崇呢？究其根源，主要就是他那种"士为知己者死"的精神。

豫让曾先后侍奉过晋国六卿中的范氏和中行氏，始终默默无闻。可自从成为智瑶的家臣，智瑶不但奉他以高堂广厦、轻车裘马，更主要的是给予了他足够的尊重和信任。因此，智瑶死后，豫让曾经发誓："女为悦己者容，士为知己者死。智瑶是我的知己，我宁愿身死

也要为他报仇！"可见，豫让如此坚决地为智瑶复仇，不仅仅是出于为臣之道，更主要的是报答智瑶的知遇之恩。维系他与智瑶关系的首先是知己之间的感情，其次才是君臣之道。

纵观整个中国历史，有名的刺客数不胜数，司马迁的《史记》中就有专门的一篇《刺客列传》。可单就《刺客列传》中的几个人来说，曹沫本非刺客，只是因为战败，不得以才行行刺之事。而专诸、聂政、荆轲三人的行刺更多的是为政治服务。只有豫让，没有人要求他这么做，更没有人强迫他这么做。他的行刺只有一个单纯的目的：报答主人的知遇之恩。他舍生忘死，虽未成功，却成就了他"士为知己者死"的人生信条。

[闲话人生]……

你扫的地真干净　他是一名清洁工，在这样一个大型公司里，像他这样的人有几十名。在这个大厦里出出进进许多人，却很少有人正眼看他，更别提和他说话了。在那些衣着鲜亮的人群中，他显得那么卑微。

一天夜里，两个小偷潜入了大厦，当他们正拼命地想撬开保险箱时，他出现了。面对两个穷凶极恶的惯犯，他挥舞着手中的拖把义无反顾地冲了上去。小偷被眼前这个男人吓呆了，他们从来也没有见过如此拼命的人，丢下武器落荒而逃。

事后，公司为他庆功，人们觉得非常奇怪，身为一个被人忽视的人，是什么促使他为了公司的利益奋不顾身？答案却出人意料。他说，每次，当公司的总经理从他身旁经过时，都会笑着和他打招呼，并且称赞他："你扫的地真干净！"

[心灵捕手]……

不要吝啬对别人的认可与赞美

或许没有人能想到，一句简简单单的话，竟然会给人带来这么多的感动，进而激发出他这么大的勇气。这或许正迎合了豫让的那句话："士为知己者死。"

美国著名女企业家玛丽·凯曾经说过："世界上有两种东西比金钱更为人们所需，那就是认可与赞美。"对豫让来说，他为智瑶复仇，是因为智瑶认可他、重视他，给了他尊严，所以，他甘愿为了智瑶舍命。对于这个清洁工来说，他之所以奋不顾身，表面上看起来只是因为公司老总对他的一句赞美。事实上，在这句赞美里面，映射的是一个人对另一个人工作的认可与尊敬，它永远不会因为身份、地位的不同而变色。

其实，在每个人的内心深处，都希望得到他人的赞赏与肯定，也都需要这样一种被重视、被尊重的感觉。所以，一旦有人帮助他实现了这个愿望或是让他体验到这种感觉，他当然会对这个人感激不尽。

打动人的最好的方式就是发自内心的认可和最真诚的赞美，无论何时，请不要吝啬你的认可和赞美，它们会带给你内心的愉悦和意想不到的收获！

[品读经典故事]……

商鞅变法

—— 典出《资治通鉴·第二卷》 ——

公元前361年,为了改变秦国的落后面貌,秦孝公下发了一道求贤诏令,征召各国的优秀人才为秦国出力。卫国人商鞅听到这个消息,便西行来到秦国。商鞅见到秦孝公,向他详细讲述了自己的变法主张。秦孝公一听大喜,立即任命商鞅为左庶长,在全国范围内实行变法。

新法令很快就制定出来了,商鞅担心新法没有威信,得不到老百姓的信任,于是想了个办法。他命人在都城的南门竖起一根三丈长的木头,宣布如果有人能将这根木头扛到北门,便可以得到十两黄金的赏赐。老百姓从来没有见过这种阵势,议论纷纷,谁也不相信轻而易举就能得到如此高的赏金。见没人响应,商鞅又将赏金增加到五十两。这时,一个人抱着试试看的想法把这根木头扛到北门,果然得到了五十两黄金的赏赐。这下子,老百姓都知道了商鞅说话算话,新法得以正式实行。

但由于新法过于严厉,并且直接触及了贵族官僚的利益,所以刚实行了一年,许多人就纷纷上奏,抱怨新法不好。这时,恰巧太子也触犯了法令。商鞅便对秦孝公说:"新法不能推行,正是因为上层也有人触犯。"于是,他便要下令处罚太子。可太子是国君的继承人,不能对他实施刑罚,所以,商鞅处罚了太子的师傅,以责他们教导不善之过。这样一来,秦国再也没有人敢违抗新法了。

新法实行十年后,秦国的国力大大增强,道不拾遗,山无盗贼,从乡村到城市全都安定繁荣,呈现出一派国富民强的景象。

[**名师讲谈**]……

商鞅变法是中国历史上一次伟大的社会变革。短短二十年的时间，在商鞅的锐意改革之下，原属荒蛮之地的秦国迅速强大起来，一跃成为"战国七雄"之首，并为以后秦王嬴政扫平六国奠定了坚实的基础。纵观商鞅变法的整个过程，我们可以看到，他之所以能够取得成功，有一点不容忽视：那就是立信。

孔子曾经说："民无信不立"。意思是说，一个国家如果得不到人民的信任，它就会垮掉。的确，浏览整个中国历史，任何改革，如果得不到人民的信任和配合，必将以失败告终。而商鞅之所以能够将新法实行下去，并取得了成功，和他"信赏必罚，取信于民"有很大关系。他以"立木取信"的方法取得了百姓的信任，得到了百姓最大程度的配合，从而为新法的顺利实施开辟了道路，并最终为秦国的强盛打下了坚实的基础。

而同样在商鞅立木的地方，二千七百多年前，"烽火戏诸侯"的闹剧就发生在这里。为博取美人一笑，周幽王一次又一次地点燃原本用于发出警报的烽火，戏弄各路诸侯。可当敌军真正来犯的时候，

各路诸侯已经不再信任周幽王燃起的烽火，没有一个人前来援助，最后，周幽王落得个身死国灭的下场。可见，"信"对于一个国家的兴衰存亡来说，起着多么重要的作用。

其实，不但治国要讲究信用，做人也同样如此。《郁离子》中记载着这样一个故事。有个商人乘船过河，遇到了大风暴，船被打翻了。商人抱住一根桅杆大声呼救。一个渔夫闻声赶来，商人向渔夫许诺，如果救了他的性命，将送给渔夫一百两黄金作为答谢。可等到商人被救上岸后，他却翻脸不认账，只给了渔夫十两黄金，还大骂渔夫贪得无厌。不料，后来这个商人又在原地翻船，恰巧又碰上了那个渔夫。渔夫一见商人，二话没说便划船离开。商人求救无门，被淹死了。可见，如果一个人失信于人，当他处于困境时，便没有人愿意出手相救。难怪孔子也曾大声疾呼："人无信，不知其可也！"

[闲话人生]……

看行李的老人 一位北大新生去学校报到，当天的事务非常多，这位新生带着沉重的行李东奔西走，十分不方便。正当他不知如何是好的时候，对面走过来一位衣着朴素的老人，看样子是学校的工友。于是，新生走上前，对老人说："老师傅，我还有一些手续要办，能不能麻烦您帮我看一下行李？"老人爽快地答应了。

新生去忙自己的事了，这一忙就是几个小时。好不容易歇下来，他才记起自己的行李。新生急匆匆地跑向校门口，心里并没有抱有多大的希望。已经过了这么久，老人早走了吧？谁知，等他跑到校门口一看，老人还颤巍巍地站在那儿，新生的眼泪一下子就流了下来。

故事并没有结束,几天以后是北大的开学典礼,那个新生赫然发现,那天帮他看行李的老人就坐在主席台上,他前面的牌子上写着三个字:季羡林。

[心灵捕手]……

人无信不立

小时候,我们经常会和小伙伴做出这个动作:伸出小手指,用力打个勾勾。里面的含义每个人都明白,那是一个承诺、一个保证,表示绝不反悔。

随着年龄的增长,我们懂得了很多道理,知道一言既出、驷马难追,知道言必信、行必果。可很多时候,我们做不到这一点,或者是说不屑于这样做。不过是简单的一句话、小小的一个承诺,有必要去坚守吗?季羡林先生的做法给了我们一个明确的答案:有!

人的一生可以丰富无比:智慧、荣耀、机遇……而诚信无疑是其中最为坚固的基础。在人生的各种危机中,没有比信任危机更为可怕的,它可以腐蚀我们的智慧、抹杀我们的荣耀、埋葬我们的机遇。

反之,如果我们选择与诚信同行,我们会发现,那些曾经以为失去的机遇、荣耀原来都悄悄躲在诚信的背后,等待我们。

德国著名诗人海涅说过:"生命不可能从谎言中开出灿烂的鲜花!"那么,生命的鲜花究竟会在哪里绽放?毫无疑问,一颗诚实守信的心肯定是最适合的土壤!

[品读经典故事]……

窃符救赵

—— 典出《资治通鉴·第五卷》——

公元前258年，秦昭王下令攻打赵国，秦国大军势如破竹，包围了赵国的都城邯郸。危急之下，赵王只好向临近的魏国求助，魏王派大将晋鄙率十万大军进驻邺城，名义上是援赵，实际却抱着隔岸观火的态度。赵国公子平原君的夫人是魏国公子信陵君的姐姐。信陵君得知邯郸被围的消息非常着急，多次请求魏王出兵，但魏王始终不为所动。于是，信陵君便让手下的宾客准备了一百多辆马车，准备以死救赵。

信陵君的车马路过都城的夷门时，被夷门的监门官侯嬴拦住了。侯嬴对信陵君说："公子此去，好比拿了肉去打老虎，是不会有结果的。我听说调动大军的兵符就放在魏王的卧室。在所有的姬妾里，如姬最受魏王的宠爱，如果她能尽力，一定可以把兵符偷出来。当年如姬的父亲被人杀害，是公子替她报了仇。如今您只要开口，她一定会答应帮公子盗取兵符，有了兵符您就可以夺取晋鄙的兵权，抗拒强秦了。"

听了侯嬴的话，信陵君觉得很有道理，便向如姬求助。如姬果然盗出了兵符。信陵君拿到兵符后，侯嬴又对他说："如果晋鄙验核兵符后仍不肯交出兵权，那就麻烦了。我的好朋友朱亥是个勇士，可以随您一起出征。晋鄙若不听从，就让朱亥杀死他。"

信陵君和朱亥到了邺城，晋鄙果真不肯交出兵符，于是朱亥用藏在袖中的铁锤击杀了晋鄙。信陵君顺利取得兵权，带领经过挑选的八万士兵进军邯郸，解了邯郸之围。

[名师讲谈] ……

千百年来，《窃符救赵》的故事广为流传，信陵君礼贤下士、见义勇为的精神也一直被后人称道。然而我们可以看到，在这个故事中，还有几个"小人物"同样不容忽视，他们就是侯嬴、如姬和朱亥。在他们身上，中国古老的"忠义"二字体现得淋漓尽致。

先看侯嬴，他遇到信陵君时，只是一个看守城门的小官，家境贫寒，但信陵君并没有因为他出身低微而轻视他，而是以礼相待。正是感激信陵君的知遇之恩，侯嬴才一而再、再而三地为信陵君出谋划策，并且在信陵君取得兵权之后自杀身亡，以赎自己劝说信陵君违抗君令之过。"非但慷慨献奇谋，意气兼将身命酬。望风刎颈送公子，七十老翁何所求？"这是唐代诗人王维在《夷门歌》中对侯嬴的描述。"七十老翁何所求？"他求的是报信陵君之恩，更是身为一个魏国的子民，在违背君王命令后的自我谢罪！

再看如姬，她不过是一个久居深宫的弱女子，生命完全操纵在君王的手里。但正是这个弱女子，为了报答信陵君的恩情，冒死盗取兵

符。据《东周列国志》记载，如姬盗取兵符后受到魏王的责难，她是这样回答魏王的："妾感公子深恩，恨无地自效！大王忘昔日之义，而公子赴同室之急，倘幸而却秦全赵，大王威名扬于远近，义声胜于四海，妾虽碎尸万段，亦何所恨乎？"从这段话我们可以看出，如姬盗符还有更深层次的含义，那就是成全魏王的忠义！

最后说朱亥，当时他只是市井里的一个屠夫，可就是这么个粗鲁之人，却于紧急关头击死晋鄙，帮助信陵君，最终成就了信陵君的英名。据记载，后来信陵君派朱亥出使秦国，秦王许朱亥以高官厚禄，要求他为秦国效力。朱亥不从，自杀身亡。这也是他忠诚不二的表现。

"闲过信陵饮，脱剑膝前横。将炙啖朱亥，持觞劝侯嬴……千秋二壮士，烜赫大梁城。纵死侠骨香，不惭世上英。"将近九百年后，大诗人李白写下这首《侠客行》，尽情抒发了自己对侯嬴等人的倾慕。他们虽然只是一些小人物，可他们身上那种侠气依然流芳百世，并不逊色于那些功成名就的英雄。

[闲话人生]……

上帝没有看轻卑微　　一位父亲带着儿子去参观凡·高的故居。在看过那张小木床以及裂了口的皮鞋后，儿子问父亲："凡·高的画不是可以卖好多钱吗？"父亲回答："不，凡·高一生都穷困潦倒。"

第二年，这位父亲带儿子去丹麦，在安徒生的故居前，儿子又困惑地问："安徒生不是生活在王宫里吗？""安徒生是个鞋匠的孩子，他就住在这幢阁楼里。"父亲说。儿子听了，若有所悟地点点头。

二十年后，这个儿子成为美国历史上第一位获得普利策奖的黑人记者，他就是伊东·布拉格。回忆起童年，布拉格说："小时候我家很穷，以至于很长一段时间，我都认为像我这样地位卑微的人是不可能有什么出息的。好在父亲让我认识了凡·高和安徒生，他们告诉我，上帝没有看轻卑微。"

[心灵捕手]……

每个人都很重要

美国气象学家洛伦兹曾提出过一个概念：蝴蝶效应。意思是说一只蝴蝶在地球的这边扇动翅膀，有可能会在地球的另一边引起一场龙卷风。是的，在历史的面前，没有崇高或是卑微，哪怕你只是一个不为人注意的小人物，同样也有存在的价值，同样也能创造奇迹。从这一方面说，这也是一种"蝴蝶效应"。

对于整个社会，我们大多数人都是"小人物"，微不足道。但整个人类社会从本质上来说正是由许许多多的小人物组成的，他们在自己的岗位上发光发热，推动了整个社会的发展，创造了历史。

看中央电视台的《感动中国》节目，我们就会发现，那么多让我们感动的人就生活在我们的周围。他们看起来平凡无奇，却做出了最不平凡的事。

其实我们也一样，或许不能创造历史，但可以发挥我们的所长，尽最大的努力，为社会也为自己增光添彩。

[品读经典故事]

荆轲刺秦王

—— 典出《资治通鉴·第七卷》——

燕国太子丹曾经在秦国做人质。秦王对待他的态度十分恶劣,太子丹一气之下逃回了燕国。后来,秦王发兵讨伐六国,秦军很快攻下了魏国和韩国,逼近了燕国。太子丹大惊,便谋划刺杀秦王。他听说卫国人荆轲是个人才,便命人拿着厚礼去请荆轲相见。

见面后,太子丹对荆轲陈述了秦国对六国的危害,请求荆轲去刺杀秦王。荆轲答应了,但他告诉太子丹,要想接近秦王必须先取得两样东西:秦逃将樊於期的头颅和燕国督亢地区的地图。当初,樊於期在秦国犯了罪,是太子丹收留了他。为了报答太子丹,樊於期自刎身亡,甘愿将自己的头颅献给秦王。于是,太子丹命燕国勇士秦舞阳协助荆轲,让二人以使者的身份前往秦国。

秦王嬴政在咸阳宫接见了荆轲。荆轲手捧地图进献给秦王。当地图全部打开时,露出了藏在里面的匕首。趁秦王惊愕之际,荆轲抓住他的袖子,举起匕首向秦王刺去。秦王大惊,挣断袖子逃开了。荆轲见一刺未中,挥舞着匕首又冲了上去。秦王被逼,绕着柱子跑了起来。殿下的众臣都吓呆了,但按秦国的法律,臣子上殿是不能携带武器的,大臣们只好一起徒手上前扑打荆轲。

趁这个机会,秦王拔出背上的宝剑,一剑砍断了荆轲的一条腿。荆轲受伤倒地,向秦王大喊道:"我之所以没有成功,是想生擒你,以迫使你将诸侯的土地退还啊!"随后,他便被赶上来的卫兵诛杀了。

[名师讲谈]……

荆轲刺秦王是中国历史上流传最广的故事之一。两千多年来，关于这件事的意义和价值，无论是学者还是平民百姓，一直众说纷纭。但不管意见如何不统一，作为中国历史上最著名的刺客之一，荆轲身上那股浓重的"侠义"之气，却一直为后世人所称道。

荆轲出生在战国后期，战国时期是中国历史上"任侠行为"最为兴盛的时期。在那个时期，"好名轻死，尚侠重义"是最为人们推崇的品格，作为一名侠士，他们讲究的是不惜个人生命而重视名节，言必信、行必果。而这些品格，无一例外在荆轲身上得到了最好的体现。

有人说，荆轲之所以慷慨赴义是为了报答太子丹的知遇之恩，这只是原因之一。其实更主要的原因是他对秦国的国仇家恨。荆轲是卫国人，与燕国不沾亲带故，如果说燕太子丹要刺杀嬴政有其报私仇的成分，那么荆轲更多的是出于为救六国百姓于水火的侠义之心。

或许，以我们现在的眼光来看，荆轲的行为存在着太多的个人因素以及对政局的不了解。比如，他不懂得以一人之力无法力挽狂澜的道理，更不懂得秦统一六国是历史发展的必然趋势。但是，他那种不畏强权、不怕牺牲，在危难的时候挺身而出的精神和气概却永远值得我们称颂。

"风萧萧兮易水寒，壮士一去兮不复还。"多么慷慨，多么悲壮，即使千年之后再读，依旧可以让我们为之动容。这就是历史为什么记住了秦始皇，也同样记住了荆轲。

纵观中国历史，在国难当头、民族存亡之际挺身而出的例子比比皆是。远到"人生自古谁无死，留取丹心照汗青"的文天祥，近到"勒马黄河悲壮士，挥戈易水哭将军"的叶挺。正是这一代代英雄人物的舍生忘死、前仆后继，才谱写出中华民族的光辉乐章。

[闲话人生]……

无畏的腿　一个歹徒拦截了一辆汽车。面对歹徒手中挥动的匕首，乘客们纷纷蹲下身子，甚至有些人还主动把自己的包送到歹徒手里。歹徒得意地狂笑着，这时，他突然发现有个中年人一直笔挺地站着。歹徒气坏了，叫嚣着和那个人决斗。那个人笑着说："如果我赢了，你得保证从此不再抢劫。"歹徒答应了。

这时，远处开过来一列火车。那个人上前几步，把左腿横在铁轨上，对歹徒说："和我一样做。"歹徒愣住了，一张脸白了红、红了白，终于垂下了头。他扔下皮包走了，临走时保证重新做人。

乘客们纷纷走上前，称赞那人的胆量。那人挽起左腿，乘客们大惊，原来那是一条假肢。

乘客们哈哈大笑起来，脸上的神色开始明朗。还有人走过去，拍着他的肩头，说："你小子，怪不得胆子这么大！"那个人淡然一笑，也离开了。

事实上只有他自己知道，几年前，也发生过刚才的一幕，他也是用同样的方法震慑了歹徒，只是那次，那条腿是真腿。

[心灵捕手]……

勇者无惧

鲁迅先生说："真的猛士，敢于直面惨淡的人生，敢于正视淋漓的鲜血。"咸阳宫的大殿上，荆轲一腿折断，身中八刀，却依然倚柱而笑，慷慨陈词。即使不可一世的秦始皇，在经此事件之后，也头晕目眩了好多天。火车的轰鸣声中，中年人微笑着伸出的左腿，好像一把锋利的利刃，划开了歹徒隐藏的软弱与良知。

每个时代都有适应那个时代的勇士。现在，我们身处和平年代，对于大多数人来说，真正面对危难甚至鲜血的几率微乎其微。但不可否认，我们总会遇到各种各样的难题。如何应对和解决这些难题？所有的答案中有一个词不能忽视，那就是"勇敢"，简单说来就是：坚强面对、坚持到底、永不放弃。

泰戈尔说："只有流过血的手指才能弹出世间的绝唱。"同样，只有坚强勇敢、无私无畏、笑对人生的人才能收获成功的果实！

[品读经典故事] ……

王侯将相宁有种乎

—— 典出《资治通鉴·第七卷》——

公元前209年秋天,阳城(今河南方城县)人陈胜、阳夏(今河南太康县)人吴广在蕲县(今安徽宿县)起兵。当时,秦王朝征发闾左(今淮河流域)的九百名贫民去屯守渔阳(今北京密云),陈胜和吴广都是屯长。当这些人行至蕲县大泽乡(今安徽宿县西南)时,遇到了大雨,这九百人被阻隔在了大泽乡,不能如期到达渔阳。按秦朝的法律,耽误了屯守的行期,一律处死。

于是,陈胜和吴广杀死了押送他们的校尉,召集起这些贫民,对他们说:"我们耽误了行期,依法应当斩首。即使现在侥幸不死,到了边防依旧是死路一条。大丈夫不死则已,即使要死,也要干出一番轰轰烈烈的事业!难道那些王侯将相都是天生的吗?"戍卒们早就对秦朝的暴政充满了怨恨,听了这番话,都纷纷响应。众人以秦公子扶苏和楚国大将项燕的名义,设坛立誓,号称"大楚"。陈胜自立为将军,吴广为都尉。起义军很快占领大泽乡,攻下了蕲县,紧接着又相继攻略了蕲县以东的大片地区。

一路上,起义军广收人马,等抵达陈地(今河南淮阳)时,已经拥有了六七百辆兵车、一千多名骑兵,步兵更是达到了数万人。于是,他们决定攻打陈城。

当时,陈城的郡守和都尉都不在,只有留守的郡丞在谯楼下的城门抵抗,但很快就被义军打败了,郡丞被杀。陈胜领兵入驻陈城,占据了陈地。陈胜自立为楚王,建立了"张楚"政权。

[名师讲谈]……

作为中国历史上第一次大规模的农民起义,陈胜、吴广领导的大泽乡起义不但对瓦解秦王朝的统治起到了积极的作用,而且对后世产生了巨大的影响。而陈胜作为这次起义的领袖,毫无疑问地被推到了历史的顶峰。

陈胜所处的时代是秦王朝的末期,由于秦二世的残暴昏庸,整个国家民不聊生。陈胜年轻的时候就有伟大的志向。据说,当年他还在田里耕种的时候,就曾经对一起耕田的伙伴们说:"苟富贵,勿相忘。"意思是说,如果以后谁富贵了,可不要忘了一起吃苦受累的兄弟。当时,同伴们听了这话都觉得好笑:"咱们这种靠卖力气吃饭的人,哪儿来的富贵呀?"陈胜听了叹息道:"燕雀安知鸿鹄之志哉?"或许,说这句话时,陈胜还不知道历史的风云会把自己推向一个令后世千万人瞩目的位置。但对于一个胸怀大志的人来说,只要有合适的机会,他总会翱翔九天的!

公元前209年,在蕲县大泽乡,这一天终于到了!陈胜振臂高

呼,发出了振聋发聩的吼声。"王侯将相宁有种乎?"这句话喊出了广大戍卒藏于心间却不敢说出的话。在那个动荡的年代,这句话如同一声霹雳,震破了阴霾的天空,燃起一场熊熊大火,并且迅速蔓延到关中、辽东……它将焚毁阿房宫、骊山陵以及曾经强大无比的秦王朝。从此,每逢改朝换代,总会有人不断重复着这句话。

虽然,最后大泽乡起义失败了,陈胜自己也兵败身亡,但是,他仍旧无愧于"英雄"这个称号。《史记》中,司马迁将陈胜的事迹归入"世家",并写下了"陈胜虽死,其所遣王侯将相竟亡秦"的句子,将灭秦的头功放在了陈胜身上,这是对他最大的肯定。

六百年后,一个叫宗悫的少年发出了"愿乘长风,破万里浪"的呼喊,透过时空,和"鸿鹄之志、王侯将相"遥遥相和,这喊声里包含着一个人的万丈雄心,更激励着后世千千万万的人朝着自己的理想与目标奋进!

[闲话人生]……

口吃也能成演说家 古希腊有一个孩子,名叫德摩斯梯尼。他从小的梦想就是成为一名演说家。对当时的人来说,这个梦想并非遥不可及,可是,对德摩斯梯尼来讲,这个梦想却是一座难以企及的高山,因为他天生口吃。

为此,家里人不止一次地劝说他放弃这个念头,但德摩斯梯尼从来不为所动。有一段时间,父亲发现德摩斯梯尼的嘴里经常含着一颗小石子,把他的嘴都磨破了。经过询问,父亲才知道,原来德摩斯梯尼不知从哪儿听说,这样可以治疗口吃。为了锻炼自己的发音,德摩斯梯尼常常一边登山一边吟诗；为了提高自己的修养，他把自己的头剃成阴阳头，为的是有更多的时间安心学习。经过十多年的苦练，德摩斯梯尼终于如愿以偿地成为一位出色的演说家。他的著名演说为他建立了不朽的声誉，他的演说词结集出版，成为古代雄辩术的典范，打动了千千万万的听众和读者。

[心灵捕手]……

人生当立志

很多时候，面对未知的生活，我们可能会觉得非常迷茫。其实，之所以有这样的想法，很重要的一点就是我们没有树立起自己的志向，没有明确自己为之奋斗的目标。

"志当存高远"，"有志者，事竟成。"可见，对于我们每个人来说，首先要确定的是我们的志向。其实，这里的"高远"不一定就是要我们有陈胜那样的"鸿鹄之志"，去做"王侯将相"，也不是一定像德摩斯梯尼那样流芳百世。它可能只是我们一个短期的目标，但没有关系，最主要的是我们必须有志向。

对我们来说，志向不仅是奋斗的方向，更是一种对自己的鞭策。有了目标，就有了热情，就有了积极性。

不过，仅仅拥有志向是不够的，因为"壮志与毅力是成功事业的双翼"。所以，在实现志向的路上，我们一定还要具备更大的信心和勇气。

[品读经典故事]……

田横五百壮士

—— 典出《资治通鉴·第十一卷》——

公元前202年,刘邦自立为帝。曾经和刘邦一起争夺天下的田横听说此事,便率领五百多名部下逃到一座小岛上。刘邦觉得田横兄弟本来已经平定了齐地,齐地的贤能之人都归附于他们。现在他们流亡在海岛,不对他们加以招抚,必定会酿成大乱。于是,刘邦派使者去召见田横,表示要赦免他的罪过,还可以封他为王;如果不从,则要发兵诛灭他。

田横听后,立刻带着两个宾客赶往都城洛阳。在距离洛阳三十里的地方,田横停了下来。他对刘邦的使者说:"人臣觐见天子,应当沐浴更衣。请使臣大人先去复命,我沐浴后会即刻赶到。"使者听了田横的话,自行回去了。

田横见使臣已走,便对随同自己前来的两个宾客说:"我本来与汉王一道称王,现在汉王做了天子,我却要做臣子侍奉他,这真是莫大的耻辱。况且,我曾经煮杀了汉王的使臣郦食其,现在他的弟弟郦商也在汉朝为官。即使他畏惧天子的诏令不敢动我,可我的内心难道就不惭愧吗?如今陛下要见我,无非是要一睹我的容貌。现在我斩下自己的头颅,你们飞驰三十里送去,我的容貌还不至于改变。"说完,他就自杀了。

两个宾客奉田横的遗命将他的头颅送给刘邦。刘邦看到田横的头颅,非常感慨。于是他命人厚葬了田横,又封两个宾客为都尉。谁知,田横下葬后,那两个宾客也在他的墓前自刎而死。刘邦大惊,随即派使臣去岛上招抚剩下的五百壮士,没想到五百壮士听说田横已死,也都自杀了。

[**名师讲谈**] ……

在田横所处的那个时代,人们推崇的是一种大无畏的舍生取义的精神。生命虽然可贵,但还有比生命更崇高的东西,那就是"义"。著名思想家孟子就曾经论证过"义"与生死名利的关系,他认为真正的仁人志士,面对生死名利的考验时,应该选择 "舍生而取义"。而在当时,摆在田横面前的正是利与义、生与死的抉择。如果选择生、选择利,他和他的部下们不但可以免受杀戮,而且可以封王封侯、衣食无忧。梁王彭越就是一个很好的例子。可是,田横最终却选择了慷慨赴死,他的死,有宁死不肯臣事刘邦的英雄气概,有舍生取义的血性与傲骨。

而更令人慨叹的是,在田横死后,那两名随同他前往洛阳的宾客和留在岛上的五百壮士,无一例外地选择了死。如果说田横的死是一种对义、对气节的坚持,那么两个宾客和五百壮士则是为了报答田横,是一种"士为知己者死"的豪情。

司马迁在《史记·田儋列传》中曾这样慨叹:"田横之高节,宾客慕义而从横死,岂非至贤?余因而列焉。不无善画者,莫能图,何哉?"太史公的这一愿望一等就是两千年。两千年后,终于有一位画家以田横五百壮士为题材,完成了一幅伟大的作品,他就是徐悲鸿。

那是二十世纪三十年代,整个中华大地一片风雨飘摇。这位杰出的绘画大师通过手中的画笔向那些两千年前的热血男儿表达了自己的敬意,也通过这种方式向全世界宣告:无论经过多少灾难,在中国人的心中,有一种精神一直被不间断地传承着,这就是:"人不可有傲气,但不可无傲骨!"据说,在这幅著名的《田横五百壮士》的画中,那个穿黄色衣服的壮士就是徐悲鸿以自己的形象创造的。我们完全可以相信,这位伟大的画家正是借着这一题材,来表现自己身处乱世威武不屈的精神气概!

[闲话人生]……

尊严无价 一只狼被猎人用计生擒。这时,猎人的看门狗跑了过来。它对狼说:"唉,你们狼何苦要和人类为敌呢?要知道,人类才是世界的主宰啊。"狼也觉得人类很强大,于是点头表示赞同。这时,狗又说:"我看,你要想活命,就必须向人类屈服。到时我再帮你向主人求个情,我想主人一定会原谅你的,说不定还会给你个看家护院的差事呢!"

见狼没有做声,狗接着说:"当然,为了防止你逃跑,主人会用铁链把你锁起来,不过慢慢也就习惯了。如果你觉得心里烦闷,可以对着陌生人狂吼几声，一来可以宣泄心中的愤懑，二来也可以抖抖你的威风！"听到这儿，狼终于忍无可忍了，它愤怒地打断狗的话："你这个奴才！不必多费口舌了！对于我们狼族来说，没有了尊严，生不如死！"

听了狼的话，狗讪讪地退了下去。这时，站在一旁的猎人走出来，他叹了口气，解开了狼身上的枷锁。

[心灵捕手]……

维护你的尊严

曾经有这么一句话："一个人的尊严，比金钱、地位、权势，甚至比生命都更有价值。"这个故事正是对这句话最好的诠释。田横死了，他的死是为了保全自己的气节、维护自己的尊严。他也曾南面为王，现在却要做人臣子，对他来说，这是一种莫大的耻辱。与其活在屈辱之中，不如慷慨赴死。而狼的天性就是崇尚自由，如果为了活命，舍弃自由，甘愿为人奴才，也是不如一死！

或许，在我们的生活中并不太可能出现这样的极端事例，但不可否认，有时我们也会面对尊严受辱的情况，这个时候，我们一定要据理力争，不管对方有多强大。因为，只有一个勇于维护自己尊严的人，才能使人产生敬意。或许，我们会惊喜地发现，成功的机遇往往会在你找回自尊的时候随之降临。就像俄国著名小说家屠格涅夫所说："自尊自爱，作为一种力求完善的动力，是一切伟大事业的渊源。"

[品读经典故事]

司马迁直言遭腐刑

——典出《资治通鉴·第二十一卷》——

汉武帝时期,李陵曾担任侍中一职。他不但精通骑马射箭之术,而且爱护士卒,谦恭有礼。汉武帝认为李陵颇有其祖父李广的风范,因此任命他为骑都尉。公元前99年,汉武帝派贰师将军李广利率军袭击匈奴,想派李陵为他押送辎重。李陵却主动请缨,表示愿意率军直捣匈奴王庭。汉武帝赞赏李陵的豪气,同意了他的请求,并派给他五千精兵。但由于上级指挥失误以及叛徒的告密,致使李陵陷入匈奴大军的包围之中,他寡不敌众只好投降了匈奴。这个消息传到朝廷,汉武帝大怒,满朝文武也纷纷指责李陵。汉武帝询问太史令司马迁对此事的看法,司马迁却竭力为李陵辩解。他说:"李陵对父母极其孝顺,对朋友非常讲信义。当国家遇到危难的时候,他常常奋不顾身,具有国士之风。如今,他不幸兵败,可那些因为他而保全了妻子儿女性命的臣子却纷纷指责他的不是,真是令人痛心。况且,这次他只率领五千士卒,却与匈奴的数万大军全力周旋,深入敌军腹地数千里,为了对付他,匈奴将全国的弓箭手都调过来围攻他们。可他却冒死冲锋,拼死力战,在救兵未至、弹尽粮绝的情况下还杀敌无数,即使是古代名将,也不过如此。李陵虽然兵败,但对匈奴的打击也足以使他名扬天下。他之所以投降,一定是找机会再报效汉室。"

没想到,汉武帝听了司马迁的话后勃然大怒,他认为司马迁这样说是在指责统帅李广利失职,同时也是为李陵开脱,因此下令将司马迁关进监狱,后来,又对他施以了腐刑。

[**名师讲谈**]……

腐刑是一种惨绝人寰的刑罚,对人施以腐刑,是对受刑者人格的极大侮辱,特别是对司马迁这样的士大夫来说,接受腐刑更是比死还要难受。即使两千年后,我们再读他那篇著名的《报任安书》,依然可以看到他在这件事上所受的煎熬:"是以肠一日而九回,居则忽忽若有所亡,出则不知其所往。每念斯耻,汗未尝不发背沾衣也。"万念俱灰之下,司马迁甚至不止一次想一死了之。可是当时,他为之付出全部心血的《史记》还没有完成,那是父亲未竟的事业,也是自己一生的志向。究竟何去何从?时势将司马迁逼入了一个两难的境地。但"人固有一死,或轻于鸿毛,或重于泰山。",在生存与毁灭之间,司马迁最终选择了忍辱求生。

曾经有一位诗人说过:"真正的勇敢并不是为某件事壮烈地死去,而是为某件事卑贱地活着。"司马迁,是当之无愧的勇者。

历经十几年的呕心沥血和忍辱负重,《史记》——这部中国历史上冠绝古今的鸿篇巨著终于完成了。

千百年来，这部凝聚了司马迁毕生心血的著作以其极高的文学价值和史料价值，受到了无数文人墨客和帝王将相的高度赞誉。一代文豪鲁迅先生甚至发出了"史家之绝唱，无韵之《离骚》"的感言！而在这些赞誉的背后，反映的是司马迁那种处于逆境却不言放弃的伟大精神。"刚直不阿，留将正气冲霄汉。幽愁发愤，著成信史照尘寰。"正是这种精神的最佳写照。

历史上，很多的文人志士都具有这种面对逆境、自强不息的精神。就如司马迁所说："西伯拘羑里，演《周易》；孔子厄陈、蔡，作《春秋》；屈原放逐，著《离骚》；左丘失明，厥有《国语》；孙子膑脚，而论兵法；不韦迁蜀，世传《吕览》；韩非囚秦，《说难》《孤愤》；《诗》三百篇，大抵贤圣发愤之所为作也。"

也正是因为如此，整个中华文明的历史才熠熠闪光。

[闲话人生] ……

生命的价值　一次讨论会上，一位著名的演说家拿着一张二十美元的钞票走上了讲台。面对讲堂里两百多名倾听者，演说家举起了手中的钞票，说："我打算把这二十美元送给你们当中的一位。不过，在这之前，请允许我做一件事。"说着，演说家将钞票揉成一团，然后问道："请问谁要？"很多人举起了手。

演说家又说："如果我这样做呢？"接着，他把钞票扔到地上，用脚使劲踩了几下。这时，钞票已经变得又皱又脏了。演说家拾起钞票，问："现在谁还要？"还是有人举起手来。

演说家笑了笑，对倾听者说："朋友们，无论我如何对待这张钞票，你们还是有人想要它，因为它并没有贬值。人生也是如此，不管发生什么事，我们的生命永远不会丧失价值！"

［心灵捕手］……

阳光总在风雨后

这位演说家说得没错，在人生的道路上，我们可能会遇到各种各样的磨难，会无数次被逆境击倒、被困难打垮，可我们一定要记得，无论我们变成什么样子，我们一定要记得心中的梦想，要记得还有许多事情等待着我们去完成，不要让昨天的挫折和沮丧令明日的梦想黯然失色！

就以司马迁为例，即使他受到了腐刑这样的奇耻大辱，但为了实现心中的理想，他忍受了耻辱，选择了生存。因为，他要完成自己的事业，他要实现自己的理想，最终，他获得了成功。

其实，生命的价值并不会因为各种各样的打击而消失。很多时候，它只是被我们的怯懦、犹豫、恐惧掩盖了，只要我们有勇气面对，总有一天，我们会发现，它就存在于我们生活的每个角落。

就像那首歌中所唱："不经历风雨，怎么见彩虹。"只有经历一些磨难、一些风雨，我们的心智才会更成熟，我们的意志才会更坚强，我们的人生才会焕发出夺目的光彩。

[品读经典故事]……

苏武牧羊

—— 典出《资治通鉴·第二十一、二十三卷》——

公元前100年，汉武帝派中郎将苏武率领使团出使匈奴。不料，苏武一行人到达匈奴后，却意外地卷入一场匈奴内部的叛乱，受到牵连，被扣留下来。同行的一些人投降了匈奴，苏武却宁死不屈。于是，匈奴单于命人将苏武放逐到北海（今贝加尔湖地区），给了他一群公羊，对他说："什么时候公羊能产下羊羔，什么时候放你回国。"

北海位于极寒之地，没有粮食，苏武只能靠着吃野鼠、草籽为生。后来，匈奴派出汉朝的降将李陵去劝说苏武归顺。李陵曾和苏武同朝为官，两人关系很好。他对苏武说："你在这荒无人烟的地方已经待了十多年了。我来的时候，你的母亲去世了，夫人也改嫁了，只剩下两个妹妹、三个儿女。如今又过了十几年，他们是否还活着不得而知。你这样坚守节操，有谁能看得见呢？"

苏武听了说道："我本无功德，全靠皇上的栽培才得以身居高位。如今得以杀身报效皇上、报效汉室，即使斧钺加身、汤锅烹煮，我也心甘情愿。"李陵见无法劝服苏武，长叹一声，告辞走了。

几年后，李陵又来到北海，告诉苏武汉武帝已经去世了。苏武听到这个消息，一连几个月对着南方嚎啕痛哭，甚至吐出血来，但依旧矢志不改。直到公元前81年，匈奴重新与汉朝修好，即位的汉昭帝得知苏武仍然活着，才命人将他接了回来。

这时，距离苏武出使已经过去了十九年。

[**名师讲谈**]……

苏武牧羊的故事距今已经过去了两千多年,两千多年来,苏武的名字一直与"气节""忠义"紧紧相连。他身上所体现出来的那种高尚的民族气节和伟大的人格力量,即使经过了这么长的岁月,依旧令人心怀敬意。

荒凉的北海边,人迹罕至,唯一与苏武相伴的,是那根代表汉朝的旄节。每天,无论睡卧还是起身,这根旄节一直被苏武紧紧地握在手里,经过天长日久地摩挲,旄节上面的毛缨全都脱落了,可苏武依旧对它爱如珍宝,因为这是临行前皇帝赐给自己的。看到它,就会想到自己此行的责任;看到它,就知道无论身在何地,自己的心依旧属于汉室。

李陵来劝降了,他们曾经同朝为官,现在却分属两国。作为朋友,苏武或许理解李陵的苦衷。但是作为臣子,他的生命是属于汉室的。"臣事君,犹子事父也。子为父死,无所恨。"能为皇帝报效,能为汉室尽忠,他死而无憾!"嗟乎,义士!陵之罪上通于天!"李

陵留下这句话，哭着离开了。冰天雪地中又剩下了苏武一个人。"夜在塞上，时听笳声，入耳痛心酸。"但这些只是后人对苏武心情的一种猜测，十九年的漫长时光，他究竟是怎么度过的，我们已经无从知晓。

可尽管如此，在苏武的身上，始终散发着一种为了国家民族毫不畏惧的气息。"心存汉社稷，旄落犹未还。历尽难中难，心如铁石坚。"正是他这种不屈精神的真实写照。就在苏武牧羊的故事过了九百年后，北宋名将杨业在被辽军团团包围之后，宁死不降，一头撞死在李陵碑前，给后人留下了"生要学苏武，死不做李陵"的铮铮誓言。虽然这只是一段演义，但却真实地反映出后人对苏武的仰慕与推崇。

"富贵不能淫，威武不能屈。"苏武用自己不屈的精神为这句话做出了最完美的诠释，也为中华民族的历史书写下一段流传千古的慷慨悲歌。

千百年来，这种精神鼓舞着一代又一代的有志之士，使他们无论处在何种境地中，都义无反顾地坚守着对国家的忠诚、对民族的坚贞！

[闲话人生]……

我是中国人　1931年，矢志抗日的国民党22路军总指挥吉鸿昌将军被蒋介石逼迫下野，去欧美"考察实业"。在那里，吉鸿昌发现中国人的地位非常低，为此，他深感痛心。

有一次，吉鸿昌和国民党驻美国大使馆的一个参赞去邮局邮寄包裹，没想到，邮局的职员用轻蔑的口气说："中国？中国在哪里？我不知道中国。"当时，随同的参赞对吉鸿昌说："你为什么说自己是中国人？你可以说你是日本人，这样他们就会礼待你了。"吉鸿昌一听勃然大怒，他抓住参赞的衣领大声喊道："你觉得做一个中国人丢脸吗？告诉你，我觉得做一个中国人骄傲得很！"

回到驻地，吉鸿昌立即找了一块小木牌，在上面写上了"我是中国人"几个字，并随时随地佩戴在胸前，以昭示自己的爱国情怀。

[心灵捕手]……

热爱祖国并非口号

面对匈奴的劝降，苏武大义凛然抛出自己的誓言："生是汉人，死是汉臣！"面对美国人的歧视，吉鸿昌怒不可遏举起反抗的旗帜："我是中国人！"虽然相隔了近两千年的时空，这两个声音却遥相呼应。苏武的旌节和吉鸿昌的木牌，闪耀着同样的光芒！他们以自己的言行喊出了中华民族自强不息的精神与品质！

苏武和吉鸿昌的年代离我们已经很远了，国与国之间的竞争依靠的不再只是武器与硝烟，我们的民族气节、我们的爱国情怀应该用另外一种方式去展现，那就是谦虚包容、自尊自信、热情理性。自尊，但不妄自尊大；包容，但不委曲求全；热情，但不会被热情冲昏头脑。面对歪曲与质疑，我们会理智地回应；面对灾难与困境，我们能伸出热情的双手。这就是我们，一个身处和平年代的人所具有的最朴素的爱国情怀。

[品读经典故事]

昭君出塞

—— 典出《资治通鉴·第二十九卷》 ——

公元前33年春天,匈奴呼韩邪单于来到汉朝,表示愿意做汉室的女婿,与汉室和亲。汉元帝很高兴用和亲的办法解决与匈奴的冲突,便答应了呼韩邪单于的请求。他从后宫选出一位叫做王昭君的宫女赐给呼韩邪单于。呼韩邪单于非常高兴,他上书汉元帝说:"为了表示我的诚意,从今以后,我愿意保护东起上谷、西至敦煌的汉朝边塞,世世代代与汉朝交好!"

汉元帝派官员和呼韩邪单于一起护送王昭君离开长安,千里迢迢来到匈奴的地域。王昭君到了匈奴后,呼韩邪单于封她做了宁胡阏氏,也就是皇后。后来,王昭君生下一个男孩,取名为伊屠智牙师,被封为右日逐王。在此后几十年里,匈奴一直与汉朝和睦相处。

[名师讲谈]

历史上关于王昭君的记载很少,《资治通鉴》上也仅有寥寥数语,但这丝毫没有影响她在后世人心中的地位。据记载,古往今来,反映昭君出塞的诗歌有七百多首,与之相关的传说、故事更是不胜其数。

汉代和亲的女子比比皆是,而且大多是出身于王室的金枝玉叶,但随着时间的流逝,她们很快便消失在历史的长河里了,而"良家子"出身的王昭君却流传千古。究其根源,主要是因为她以一个弱质女子的身份远赴大漠,并尽自己所能缓解了汉朝与匈奴之间的矛盾,促进了汉族和匈奴之间的民族团结。

在王昭君所处的那个时代，匈奴被认为是野蛮、落后的民族，漠北更是被视为蛮荒之地，中原地区的百姓只要提起匈奴无不心惊色变。据《后汉书》记载，当时选取和亲的女子时，汉元帝也十分踌躇。这时候，王昭君主动请缨，请求元帝允许自己去和亲。究竟哪种说法符合史实，或许已经无法考证。但根据一些遗留下来的史料，我们可以看到，王昭君到达匈奴以后，并没有自怨自艾，而是以自己的勇敢和智慧，接受匈奴的习俗，传播汉朝的文化。史书记载，在王昭君和亲后的六十年间，汉朝和匈奴之间从来没有发生过大的冲突，双方人民安居乐业，呈现出一派欣欣向荣的和平景象。正所谓："边城晏闭，牛马布野，三世无犬吠之警，黎庶忘干戈之役。"

也正是因为如此，后世的许多文人墨客才将一个又一个的荣誉送给了这位不平凡的女子。

[闲话人生] ……

神迹 在法国有一个偏僻的小镇，小镇上有一口山泉。据说，这口山泉常常会出现神迹，可以医治各种疾病，因此，每天都有来自各地的人来这里祈求。有一天，镇上来了一个退伍军人。他只有一条腿，拄着拐杖一瘸一拐地来到泉水边。镇上的居民看到他，带着同情的口吻说："可怜的家伙，难道你要向上帝祈求一条腿吗？"退伍军人转过头，看着说话的居民，坚定地说："不，我是想向他祈求，让他帮助我，让我在没有一条腿后也能知道如何生活！"

[心灵捕手] ……

活出自己的精彩

从歌舞升平的长安到朔风漫天的塞外，从某种意义上说，王昭君和这个退伍军人一样，他们面对的都是一条未知的、布满荆棘的路。但是，面对即将到来的艰辛，这两个人都选择了一种积极应对的态度。于是，王昭君创造了一个历史奇迹，留下了一则流芳百世的故事。而那个军人，我们也有理由相信，他的生活一定会充满光彩。

很多时候，面对即将到来的困难我们手足无措，选择妥协或是逃避。可这样的做的同时，我们往往会发现，困难并没有消失，反倒越来越难、越来越多了！那么，如何才能应对这些困难呢？答案很简单，只要学习故事中的人物，具有积极的人生态度，对生活充满热情、充满希望，每个人都会活出自己的精彩。

[品读经典故事]……

马革裹尸

—— 典出《资治通鉴·第四十三卷》——

　　公元41年，交趾（即古越南）发生叛乱，汉光武帝刘秀封马援为伏波将军，派他去平定叛乱。经过三年艰苦的战争，马援终于将叛乱平息下来。

　　公元44年，马援从交趾回到京城洛阳，亲友们都赶来向他祝贺。其中有个叫做孟冀的，也向马援表示慰问，并说了很多恭维的话。马援听了，皱着眉头说："我盼望先生能说一些指教我的话，为什么先生也随波逐流，一味地夸奖我呢？现在，匈奴和乌桓还在北方不断地侵扰，我打算向朝廷请战，继续出征，奋勇杀敌。作为一个有志气的男儿，就应该战死在边疆，用皮革裹着尸体回来埋葬。而不是躺在床上，死在儿女的身边！"听了这番话，孟冀不禁有些惭愧地说："将军说得是，大丈夫理当如此啊！"

[名师讲谈]……

　　"男儿要当死于边野，以马革裹尸还葬耳！"穿过一千九百多年的时光，马援这句铿锵有力的话依旧响彻在我们耳边。它包含着一个军人立志报效国家、宁愿战死沙场也不愿在平庸中死去的精神。

　　作为一个封建时代的军人，马援奉行的是"武死战"的传统。对他来说，战死沙场是自己一生的志向。纵观马援的一生，几乎所有的时间都是在战场上度过的。公元48年，南方发生暴动，东汉朝廷多次派官兵镇压也不能取胜。这时马援已经六十二岁了,并且有病在身。但听闻这个消息,他立即披挂整齐,向光武帝请缨出战。光武帝怜其年老体衰,没有答应。马援却说:"臣虽老迈,但尚能披甲上阵。"说完,他便飞身上马,威风不减当年。于是,光武帝答应了他的请求。在战场上,马援身先士卒,屡战屡胜,及至病逝在征战途中,实现了自己"马革裹尸"的壮志。

纵观中国历史,这种"马革裹尸"的行为一直是许多仁人志士的追求。抗日英雄赵尚志在他的《满江红·黑山白水》中就曾写下了这样的豪言壮语:"争自由,誓抗战。效马援,裹尸还。"在这首词里,赵尚志用马援来自勉,尽情抒发了一个热血男儿奋不顾身、抗战到底的决心与抱负。

"漆水东流绕墓田,伏波埋土几千年。西风但见吹残鬣,南海犹闻畏站鸢。"马援的故事已经过去了将近两千年,但他"马革裹尸、老当益壮"的豪言壮语却被载入史册,流传至今。

[**闲话人生**]……

飞翔的梦想　一百多年前，一个牧羊人带着他的两个孩子到山坡上放牧。这时，一群大雁从他们的头顶上飞过。大儿子看着远去的大雁，羡慕地说："要是我们也能像大雁那样飞起来该多好啊！"

牧羊人沉默了一会儿，对两个儿子说："只要你们想，你们也能飞起来。一个人只要树立了坚定的目标，就可以飞到他想去的地方。"两个孩子牢牢地记住了父亲的话，并一直朝着这个目标努力着。1903年，两个孩子的梦想实现了，他们果然飞了起来！这两个孩子就是莱特兄弟，他们发明了飞机，实现了飞翔的梦想。

[**心灵捕手**]……

带着目标上路

从小，我们就有许多的理想和抱负，可随着时间的流逝，它们却被我们丢在了路上。由此可见，仅仅拥有理想和目标是不够的，更重要的是我们必须朝着这个目标努力，带着它一起上路，不离不弃。

为了实现飞翔的梦想，莱特兄弟经过了数千次的试验、数千次的挫折，才得以展翅高飞。为了实现马革裹尸的壮志，马援在花甲之年还披挂上阵，以病痛之躯实践着自己的人生理想。对于这些人来说，人生的目标始终与他们相依相伴。俄国作家克雷洛夫告诉我们："现实是此岸，理想是彼岸，中间隔着湍急的河流，行动则是架在河上的桥梁。"那么，就让我们从现在开始，带着我们的目标，去架构自己的人生桥梁吧！

[品读经典故事]……

杨震暮夜却金

—— 典出《资治通鉴·第四十九卷》——

东汉人杨震出身贫苦,但聪明好学、博览群书,且品格高尚,当时的儒家学者都称他为"关西孔子"。大将军邓骘早就听说杨震的贤名,便聘他为幕僚。当时,杨震已经五十多岁了,先后出任荆州刺史和东莱太守。杨震去东莱郡上任时,途经昌邑(今天山东巨野县东南)。昌邑县令王密是杨震举荐的。当天夜里,王密来拜见杨震,掏出十两黄金想送给他。杨震说:"故人了解你,你却不了解故人,这是为什么啊?"王密说:"黑夜之中,是没有人知道的。"杨震说:"天知地知,我知你知,怎么说没人知道呢?"王密听了非常惭愧,便告辞走了。

杨震一生公正清廉,衣食住行和平民百姓没有什么区别。有老朋友劝说他为子孙后代置办一些产业,杨震却不肯。他说:"能使后世人说他们是清官的子孙,这样的遗产不是更丰厚吗?"

[名师讲谈]……

在中国历史上,因为官清廉而被后世称颂的人不在少数,杨震便是其中之一。他"暮夜却金"的故事千百年来一直广为流传,他也因那句"天知地知,我知你知"而被后人冠以了"四知太守"的雅号。

我们可以看到,在杨震的身上,中国古代儒家所倡导的"慎独"思想被体现得淋漓尽致。所谓"慎独",指的是一个人即使在独处时,也能自觉地要求自己,谨慎地对待自己的言行,防止有违道义的行为发生。那么,如何才能做到慎独?杨震的行为告诉了我们其中的真谛,那就是坚定的信念和良好的道德修养。试想当时的情况,作为杨震的学生,王密在老师路过时加以拜访,即使送上十两黄金也不过是想表达一下心意,并无他求。应该说,这样做是在常理之中,而杨震却严词拒绝,如果没有对自己的严格要求,是很难做到的。

关于慎独,中国历史上还有许多美谈。晋武帝司马炎曾经问大臣胡威:"你和你的父亲谁更清廉一些呢?"胡威回答:"我清廉,唯恐别人不知道。我父亲清廉,唯恐别人知道。所以说,我不如我的父亲。"这种"唯恐别人知道"的行为,正是慎独精神最明显的体现。

《淮南子·说山训》中有这么一句话:"兰生幽谷,不为莫服而不芳;舟行江海,不为莫乘而不浮;君子行义,不为莫知而止休。"意思是说,兰草长在幽谷,不因为没有人佩戴就不散发芬芳;船横在江河,不因为没有人乘坐就沉入水中;君子实行仁义,不因为没有人知道就停止不做。从这一点上来说,杨震不愧为真正的君子。

[闲话人生] ……

这条小鱼知道 暴风雨后的早晨，一个男人到海边散步。他发现沙滩上的浅水洼里有好些小鱼，它们是被暴风雨卷上岸的。水洼很浅，过不了多久，里面的水就会蒸发掉，这些小鱼就会干死。

忽然，男人发现前面有个小男孩，他不断地在每个水洼前停下来，弯下腰捡起水洼里的小鱼，用力把它们扔回大海。男孩干得很卖力。男人看了很久，终于忍不住走过去："孩子，这些水洼里有几千几百条小鱼，你救不过来的。况且，你这么做并没有人知道。""我明白。"男孩头也不抬地回答，"但是，这条小鱼知道。"

[心灵捕手] ……

无论做什么，总会有人知道

你有没有碰到这种情况，在做好事的时候，时刻想着："我做的事有人知道吗？"或者，在做一件有违道德、礼仪的事时，却告诉自己："这样做是没人知道的。"

对于前一种情况，那个小男孩告诉我们："那些小鱼知道。"对于后一种情况，杨震提醒我们："天知地知，我知你知。"中国有句古话："要想人不知，除非己莫为。"话中虽然含有贬义，但却蕴涵着一个哲理：即无论你做什么、如何做，总会有人知道。这里的"总会有人"当然也包括我们自己。只要我们自己觉得做一件事是对的、是值得的，无论别人知不知道，我们的内心都会充满快乐。

[品读经典故事]……

鞠躬尽瘁

—— 典出《资治通鉴·第七十~七十二卷》——

公元223年，蜀汉先主刘备病危，临终前将国家大事托付给丞相诸葛亮，请求他辅佐后主刘禅，光复汉室。刘禅即位时只有17岁，国家政事无论大小，都取决于诸葛亮。为了不辜负刘备的重托，诸葛亮事必躬亲，对内精简官职，修订法制，任命贤臣；对外继续与吴国交好，以求共同抵抗曹魏。在他的治理下，蜀国国力日强，百姓得以安居乐业。公元227年，诸葛亮决定北伐曹魏。在出征前，诸葛亮给刘禅上了一道奏表，以恳切的言辞，劝说刘禅要继承先帝遗志，广开言路，严明赏罚，亲贤臣、远小人，完成复兴汉室的大业。这道奏表就是著名的《前出师表》。然而，这次北伐并没有成功，诸葛亮只好退回蜀地，继续等待合适的机会。从公元228年到公元229年，诸葛亮又进行了两次北伐，但都未能取胜。

公元231年，诸葛亮率领大军再次进攻魏境，包围了祁山。魏明帝派司马懿迎战，双方展开了拉锯战。战争初期，蜀军接连取得了几次胜利，但因为距离后方太远，到这年六月，蜀军因粮食补给不足，只得退兵。

公元234年二月，诸葛亮又率十万大军出兵攻魏，在渭水南岸的五丈原与魏都督司马懿形成对峙之势。双方僵持了一百多天，诸葛亮多次挑战，司马懿却拒不出兵。此时，诸葛亮因为积劳成疾，健康状况每况愈下。刘禅派遣上书仆射李福前来问候，诸葛亮向他交待了一些有关国事的安排，并指定了继任之人。这年八月，诸葛亮在军中去世，用自己的生命实践了"鞠躬尽瘁，死而后已"的誓言。

[名师讲谈] ……

"臣本布衣，躬耕於南阳……由是感激，遂许先帝以驱驰……此臣所以报先帝，而忠陛下之职分也。"千百年来，再读这篇《出师表》，震撼我们的依旧是诸葛亮那拳拳的忠君之心、报国之志。三国时代已经过去了一千多年，在这么长的历史长河里，多少贤臣良将早已化作史书上的一个名字、一个符号，任后人翻阅。可作为一位"出师未捷身先死"的蜀汉丞相，诸葛亮却一直鲜活地存在于各种各样的官方记载和民间传说中，甚至被当成了一个神话传颂。这固然是因为他过人的智慧和才能，但更重要的却在于他"鞠躬尽瘁，死而后已"的伟大人格和人生目标。

从二十七岁出山到病逝五丈原，诸葛亮把自己的一生都献给了匡扶汉室的事业。二十七年中，他夙兴夜寐，日理万机，从未有一天松懈过。他的对手司马懿曾这样说："孔明食少事烦，岂能久乎？"可诸葛亮听了，泣曰："吾非不知，但受先帝托孤之重，唯恐他人不似我尽心也。"可见，诸葛亮早就把自己的生命与蜀汉的兴亡紧紧地连在了一起。

千百年来，作为忠臣良相的完美化身，诸葛亮成为一代代有志之士定国安邦、忠君尽节的楷模和典范。他的"鞠躬尽瘁，死而后已"也成为许多人的目标和理想。近代民族英雄林则徐即是一例。身为朝廷重臣，林则徐殚精竭虑，治水、救灾、兴农、禁烟……为国家的兴盛富强贡献着自己所有的力量。即使被贬新疆之后，他仍发出了"苟利国家生死以，岂因福祸趋避之"的豪言壮语。至今，新疆地区的坎儿井仍被当地的百姓称为"林公渠"，用来纪念他创造的这项泽被万世的水利工程。

"出师未捷身先死，长使英雄泪满襟。"三分天下的壮志犹存，复兴汉室的余愿未了，这是杜甫的慨叹，也是后人的唏嘘。但无论时代如何变化，诸葛亮身上那种历经艰难始终不悔的精神，却永远值得后人敬仰和学习。

[闲话人生]……

钢玻璃杯的故事　十七岁，他因为贫困而辍学。十九岁，父亲去世了，家庭的重担全压在他的肩上。为了生计，他向亲戚借了五百元钱，养起了鸡。但一场洪水，鸡得了瘟疫，死了个精光。后来，他酿过酒、捕过鱼，还在悬崖峭壁上帮人打过炮眼……三十五岁，他借钱买了一辆手扶拖拉机，搞起了运输。不料，不到半个月，拖拉机载着他冲入一条河，他断了一条腿。几乎所有的人都说他这辈子完了。

可现在，他成了一家企业的老总，手里资产上亿元。很多媒体去采访他，一个记者问："在苦难的日子里，你凭什么一次一次毫不退缩？"他没有说话，顺手拿起桌子上的玻璃杯，反问记者："如果我一松手，杯子会怎样？"

"碎了。"记者疑惑地回答。他手一松,杯子掉在地上,发出清脆的声音,但并没有碎。他告诉一脸不解的记者:"所有的人都认为这只杯子必碎无疑,但我告诉你,它不是普通的杯子,它是用玻璃钢制成的,我也一样。"

[心灵捕手]……

为理想鞠躬尽瘁

故事读完了,相信你也知道了那个人战胜苦难的秘诀,那就是坚韧不拔。这个世界上有一种人,即使只剩下一口气,他们也会奋斗到底。他们就像那只钢化玻璃杯,具有无比的耐力与韧性,无论经过怎样的摔打,始终保持着向上的意志。诸葛亮是这种人,所以他五次北伐,不在乎苦痛辛劳,只要求完成自己的使命。故事的主人公也是这种人,所以,尽管经历一次又一次的失败、挫折,他始终不屈服、不认输,直至取得成功。

生活中,我们有很多瑰丽的理想,但却总是缺乏追求理想所必需的不屈不挠的意志,所以,我们始终离自己的目标很远。

一位记者曾经问联想的创始人柳传志:"你的性格中哪些特质是自己予以肯定并直接影响企业成功的?"柳传志回答:"坚韧不拔、永不言败,为理想鞠躬尽瘁。"是的,为理想鞠躬尽瘁,这是我们对自己的要求,也是我们的责任。

[品读经典故事]

竹林七贤

—— 典出《资治通鉴·第七十八卷》——

魏晋时期谯郡（今安徽宿州西南）人嵇康，文章写得言辞壮丽，喜好谈论《老子》《庄子》，为人好侠仗义。嵇康与阮籍、阮籍的侄子阮咸、山涛、向秀、王戎和刘伶是至交好友，他们都崇尚虚无的道家哲学，蔑视世俗的礼仪法度，每日于竹林中纵酒高歌，不问世事，人称"竹林七贤"。其中以阮籍和嵇康最为任情率性。

阮籍担任步兵校尉的时候，他的母亲去世了。当时，阮籍正与人下棋。闻听这个消息，阮籍当即喝下两斗酒，大喊一声，吐出了几升鲜血。

司马昭的心腹钟会因为仰慕嵇康的名声，曾经拜访过他。当时，嵇康正坐在地上锻造一把铁器，根本不搭理钟会。钟会很懊恼，挥袖而去，从此对嵇康恨之入骨。

嵇康与东平人吕安是好朋友，吕安的哥哥诬告吕安不孝，嵇康听说后竭力为吕安作证。钟会闻听此事，趁机向司马昭进谗言，诬陷嵇康，说他言论放荡、扰乱明教。之前，司马昭一直想拉拢嵇康，但都被嵇康严词拒绝了，为此司马昭对嵇康很不满，便借这个机会将他杀了。

[名师讲谈]

作为"竹林七贤"中最具代表性的人物，嵇康和阮籍的故事一直为人们津津乐道。人们崇尚他们的率真任性、恣意洒脱，更佩服他们在乱世中始终保持自己的自尊与自傲，坚守着一个知识分子的清白。

魏晋时期是中国历史上一个特殊的时期。这一时期,传统的儒家思想开始没落,各政治集团内部纷争不断。司马氏为了加强自己的统治,疯狂地铲除异己,整个社会秩序一片混乱。

这时,作为在社会上具有很大影响力的知识分子,往往面临着两种选择,一是放弃良知和尊严,投靠当权者;一是坚守良知,捍卫自己的尊严。对于生活在乱世中的人来说,哪种生活更平安一些,显而易见。并且,以嵇康等人的名气和才智,只要他们肯依附权贵,马上就可以得到轻车肥马、锦衣玉食。可是,在这些人的身上有一种不为世事所累的豪情,于是,他们选择了纵酒高歌,放浪形骸,以惊世骇俗的行为坚守着他们的清醒,以一种出世的态度对抗混乱的政治局势。

嵇康曾这样描述自己的生活:"息徒兰圃,秣马华山。流磻平皋,垂纶长川。目送归鸿,手挥五弦。俯仰自得,游心太玄。嘉彼钓叟,得鱼忘筌。郢人逝矣,谁与尽言。"这是他在乱世中对自由生活的向往,是他内心的自由驰骋。他不苟且、不自卑、不屈服,后人尊敬嵇康,就是因为他有这种傲气与傲骨。有了这样的精神支撑,即使面对司马昭的屠刀，也不能剥夺他的尊严。肃杀的刑场上，嵇康抚琴而弹，一曲终了，他长叹一声："广陵散于今绝矣！"然后，他引颈就戮，留给历史一个孤傲的背影。

面对依然复杂的政治环境，向秀、山涛、王戎、阮咸、刘伶等人相继入仕，做了司马政权下的官员。阮籍则借酒装疯，在嵇康死后不久也病死了。从此，竹林七贤各奔东西。

王夫之曾这样说："孔融死而士气灰，嵇康死而清议绝。"这是对一个时代的慨叹。但尽管如此，作为中国历史上一个特殊的人群，他们的生命之花开得绚烂至极。中华民族的文化史也因为有了他们，有了这些旷达自然的生命，而增添了夺目的光彩！

[闲话人生] ……

生命的礼物　麦克拉斯博士是著名的心脏移植专家。这一天，他正为一个年轻人做手术前的准备，院长跑了过来："博士，请等一等。是这样，总统的高级顾问弗尼斯先生也需要心脏移植，医院的董事会已经决定先将那颗心脏移植给他了，请您赶紧准备一下吧。"

听了院长的话，麦克拉斯博士愣了一下，但马上平静下来。他对院长说："弗尼斯先生的情况并不符合手术的要求，我认为还是应该把心脏移植给那个年轻人。"

"什么？"院长一听高声叫了起来，"你知道你这个决定对你自己、对医院会产生什么样的后果吗？"

"我知道。"麦克拉斯坚定地说，"但是，作为一名医生，对任何病人一视同仁，这是我的责任。"

[心灵捕手]……

坚持原则

英国首相丘吉尔曾经说过："成功的秘诀只有两个：第一就是坚持到底、永不言弃；第二就是当你想放弃的时候，回过头来再看看第一个。"是的，坚持到底、永不言弃，因为一切美好的价值，都体现在我们自身的坚持之中。"临命索琴弹，聊示不屈意"是嵇康对尊严、正义与良知的坚持。"作为一名医生，对任何病人一视同仁"是麦克拉斯博士对自己职业道德的坚持。他们的坚持，让我们看到了一种信念，一种对于美好未来的追求。现在，对于学生来说，最主要的任务是学习，而学习恰恰是最需要坚持的事情。《礼记·学记》中有这么一句话："人之学也，或失则多，或失则寡，或失则易，或失则止。"也就是说，关于学习，往往有四种失误：学的过多，学的过少，学的过于容易，学习中半途而废。对于我们，最后这个"止"最容易发生，遇到失败、困惑、诘难等，我们往往就不再坚持。这个时候，我们一定要告诉自己再坚持一下，很快，我们会发现：胜利就产生于再坚持一下的努力之中。

[品读经典故事]……

祖逖北伐

—— 典出《资治通鉴·第八十八、九十一卷》——

范阳（今河北涞水）人祖逖，年轻时就有远大的志向，他曾和好友刘琨一同担任司州的主簿。一天半夜，祖逖被鸡叫声惊醒。当时，半夜的鸡叫被认为是邪恶的声音，可祖逖却不这样认为，他叫醒刘琨，对他说："这鸡叫声是提醒我们努力奋发的！"于是，两个人起床练起剑来。

后来，祖逖被左丞相司马睿任命为军咨祭酒。当时，祖逖住在京口，他召集起许多骁勇强健的壮士，对司马睿说："朝廷动乱，不是因为君主无道，而是皇室宗亲之间争权夺利，自相残杀。这才给戎狄人钻了空子，占领了中原。现在，中原遗民都想自强奋发，如果您能够兴兵北伐，各地的英雄豪杰一定会积极响应，收复中原指日可待。"

当时，司马睿正热衷于建立东晋新朝廷，根本无意北伐。所以，他只拨给了祖逖一千人的口粮和三千匹布，并不给他兵器和队伍。于是，祖逖便带领着自己招募的队伍渡过长江，准备北伐。船行至长江中流的时候，祖逖敲打着船桨大声说："我祖逖如果不能光复中原，就像江水一样有去无回！"过江以后，祖逖将队伍驻扎在淮阴，建造熔炉炼制兵器，又招募了二千多人，然后挥师北上。

经过四年的苦战，祖逖率领的北伐军收复了黄河以南的大片失地。正当他积蓄力量准备继续向北方推进时，东晋朝廷内部矛盾激化，爆发内乱。祖逖知道统一大业再难成功，忧愤成疾，病逝军中。祖逖死后，中原地区的百姓莫不悲痛万分，纷纷为他建立祠堂，以作纪念。

[名师讲谈]……

祖逖生活在西晋末年，当时，晋室内部纷争不断，北方的少数民族趁机入侵中原。整个中原地区变成了一个大战场，先后有五个少数民族在此建立起十六个不同的政权。在这样一个乱世，当权者只求苟安，家国天下并不是他们的目标与追求。可祖逖不同，作为臣子，眼见故国倾覆、胡虏横行，他不甘心，更不能忍受。所以，他主动请缨，率军北伐，把自己的一生都献给了重整河山、收复失地的事业。而他那种"闻鸡起舞""中流击楫"豪情与信念也长留青史，影响着一代又一代的仁人志士誓死为国、舍身成仁。

纵观祖逖的一生，"过江誓流水，志在清中原"是他唯一的信念，为了这个信念，他一丝一毫也不敢懈怠，虽只有一己之力，也要永不言弃。为此，他招流散、建军队，把毕生的心血都用在北伐上。

祖逖北伐后九百年，中原大地沦入金人之手。黄河南岸，南宋词人刘克庄声声泣血："两河萧瑟惟狐兔，问当年祖生去后，有人来否？"历史并没有让刘克庄等待太长时间，不久，中国历史上另一位杰出的抗金将领岳飞率军而起，在"重整河山"的誓言中，他奋勇杀敌，直捣黄龙，为中华民族的历史添上了浓墨重彩的一笔。

紧随其后的另一位英雄人物文天祥更是以祖逖自勉，留下了"祖逖关河志，程婴社稷功。身谋百年事，宇宙浩无穷。"的诗句，表达了自己对祖逖的仰慕与赞誉。而文天祥的一生，也像祖逖那样，在国家存亡的关头，毅然担负起"存亡国，继绝世"的艰难责任，虽历尽艰辛，却矢志不改、百折不回。在他们身上，誓死卫国的信念被诠释得淋漓尽致，成为后人效仿的榜样。

直到一千六百年后的1900年，八国联军侵华，来到祖逖的老家涞水。当时涞水县的知县张琨率军奋勇杀敌，誓死效仿祖逖，虽身受重伤仍拼死抵抗。在他的带动下，涞水百姓纷纷拿起武器反抗，终于守卫住了自己的家园。可见祖逖精神感召力之强大。

"北伐不令持寸铁，楫声空震大江流。"虽然北伐的事业未竟，但祖逖的名字连同他的故事却永载史册。

[闲话人生]......

还有一个苹果　　一场突如其来的沙漠风暴使一位旅行者迷失了方向。更可怕的是，他用来装水和干粮的背包也被风暴卷走了。旅行者翻遍身上所有的口袋，只找到一个青青的苹果。"啊！我还有一个苹果！"旅行者惊喜地叫起来。

他把那个苹果紧紧地握在手里，开始寻找出路。每当干渴、饥饿、疲乏袭来的时候，他都会看看手里的苹果，然后抿一抿干裂的嘴唇，陡然间又会增添不少力量。

一天过去了，两天过去了，每当觉得要撑不下去的时候，旅行者就会告诉自己："没关系，我还有一个苹果。"第四天，旅行者终于走出了沙漠，那个始终未曾咬过一口的青苹果，已经干巴得不成样子，却还是被他宝贝似的握在手里。

[心灵捕手]……

信念是永不凋谢的花

读完这个故事，你是不是也感到惊讶？一个看起来微不足道的青苹果，竟然蕴藏着如此不可思议的力量！这是什么力量？对了，这就是信念。在人生的旅途中，不可能总是一帆风顺，我们常常会遇到各种各样的阻力。对于有些人来说，在阻力面前退缩了。而对于另外一些人，阻力只是一种磨炼，历练之后，他们往往会创造出难以想象的奇迹！就如祖逖，只身一人，却组建起一支强悍的军队，横扫中原，他依靠的就是信念！也如这个旅人，一个苹果带着他穿越茫茫黄沙，他依靠的也是信念！可见，对于一个有志者来说，信念就是他们立身的法宝和希望的火种。

其实，对于我们来说，信念不一定是高高在上、让人仰慕的东西，它可以只是一个简单直接的目标。但只要我们能做到始终如一地坚持，我们会发现，信念就像一朵永不凋谢的花，它会演化为一种强大的精神力量，引导我们通向更美好的未来。

[品读经典故事]……

魏征敢言直谏

—— 典出《资治通鉴·第一九一~一九六卷》——

唐初，魏征做过太子李建成的侍从官，那时，他就经常劝李建成早日除掉秦王李世民。李建成事败以后，太宗李世民召见魏征，问他："你为何离间我们弟兄？"众大臣都十分畏惧，魏征却坦言道："倘若建成太子早听我的话，断不会有今日之祸。"太宗敬重魏征的为人，不但既往不咎，反倒任命他做了谏议大夫。由于魏征经常犯颜直谏，即使在太宗大怒时也面折廷争，从不退让，以至于太宗在他面前也尽量收敛自己。

有一次，魏征回乡祭祖，回来后问太宗："臣听说陛下要临幸南山，外面都已经装束整齐，而您却没去，为什么呢？"太宗笑着说："起初我确实有这个打算，但害怕你又来嗔怪，所以就取消了。"

公元626年，太宗派人征兵。右仆射封德彝请求太宗下旨，一并征用不满十八岁但身体健壮的男子。当敕令传到魏征手里时，他拒不签字。太宗大怒，斥责魏征道："征召他们并没有害处，你为什么如此固执？"魏征坦言道："军队在于治理得法，而不在于人数众多。况且，律令规定十八岁以下的男子不属于征召范围，陛下这么做不是失信于百姓吗？"太宗听了深感惭愧，便撤销了敕令。

公元643年，魏征病故，太宗痛哭不止，亲自为魏征撰写了碑文。他曾不止一次地对身边的大臣说："用铜做镜子，可以整理衣冠；用历史做镜子，可以观察时世的兴衰更替；用人做镜子，可以知道自己的言行得失。魏征去世了，朕就等于失去了一面镜子啊！"

[名师讲谈]……

"以谏争为己任。"这是唐大臣王珪对魏征的点评,这句评语可以说是魏征人格的真实写照。纵观魏征的一生,因为形势的变迁曾经几易其主,但无论在谁门下,他从来不求个人的富贵,不屈从外界的压力,将谏言作为自己的职责。特别是辅佐唐太宗之后,魏征更是知无不言、言无不尽,从不计较自己的得失,更不在乎这样做是否会给自己带来危险。

千百年来,魏征身上独有的那种直言敢谏的品格,从某种意义上来讲,已经成为中国历史上一个鲜明的文化坐标,影响着一代又一代的忠臣志士为国为民、仗义执言,而魏征也当之无愧地成为诤臣的典范,名垂青史。

据记载,自贞观元年开始,到贞观十七年去世,魏征共进谏二百余条,成为中国历史上谏臣之首。其"兼听则明,偏信则暗""居安思危,戒奢以俭"等名言,至今还不停地被人们引用。

纵观中国历史,特别是唐初,进谏的大臣很多,为什么魏征能光耀

千秋呢？《旧唐书》的作者给予了魏征这样的评价："身正而心劲，上不负时主，下不阿权幸，中不侪亲族，外不为朋党，不以逢时改节，不以图位卖忠。"乾隆皇帝也曾这样说："魏征有至公为心，不拘行迹；而且从不阿谀，正直的话一定要说；承担强直的指责，不理睬擅权者的讥讽；直陈激烈的言论，不害怕别人的诽谤。"正是具有了这样的品质，魏征才得到了太宗的器重与信任，更赢得了后人的敬仰。

"劲条逢霜催美质，台星失位夭良臣。惟当掩泣云台上，空对余形无复人。"这就是那首有名的《悼魏征》，一代贤臣，就此撒手而去，纵然是太宗皇帝，也不禁泪如雨下。

如今，大唐盛世已经永远地留在了历史的尘埃里，而魏征这个千古诤臣却依旧为后人传颂。正所谓："为官恪守民为本，诤谏犯颜忘死生。三鉴一亡君下泣，神州千载诵芳名。"

[闲话人生]……

州长买炸鸡　刚刚当选马萨诸塞州州长的克里斯琴·赫脱公务十分繁忙。这天，当他处理完公务后，已经错过了午餐时间。于是，赫脱来到了附近的一家炸鸡店，没想到虽然早已过了午饭时间，店门口依旧人声鼎沸，买炸鸡的人排起了长龙。等了好久，终于轮到了赫脱，他对女服务生说："请给我来两份炸鸡块！"女服务生微笑着说："对不起，先生。今天买炸鸡的人实在太多了，为了让每个顾客都吃到我们的炸鸡，一个顾客只能买一份。"

此时，赫脱早已饥肠辘辘。于是，他决定给女服务生施加一些压力："女士，你知道我是谁吗？"赫脱加重了语气说，"我是本州的新任州长！"

"州长先生，你知道我是谁吗？"女服务生也加重了语气，"我是这里专门负责卖炸鸡块的服务生！"听了这话，赫脱愣了一下，然后他郑重地向女服务生行了个礼，拿着一份炸鸡走出了炸鸡店。

[心灵捕手]……

坚持是一种勇气

"我是专门负责卖炸鸡块的服务生！"多么铿锵有力的话！很多时候，因为害怕招致拒绝甚至诘难，我们不敢坦言自己的想法，更不敢提出反对的意见。可现在，这个普通的女服务生告诉我们：勇于坚持，不但能维护自己的原则，更能得到别人的尊重！

坚持是一种勇气，即使贵为帝王、高官，对于具有这种勇气的人也怀有敬畏，就像唐太宗对魏征，就像州长对女服务生。

在人生的道路上，我们会遇到各种各样的人，面对各种各样的挫折。这个时候，我们更需要坚持的勇气，因为那是我们实现自我的条件。

老子曰："慎终如始，即无败事。"也就是说，在目标选对之后，能不能坚持到底，是成功与否的关键。那么，就让我们做一个坚持的、有勇气的人吧，因为坚持和勇气本身也是一种磨炼！

[品读经典故事]……

文成公主入藏

—— 典出《资治通鉴·第一九五、一九六卷》——

公元640年十月，吐蕃赞普派宰相禄东赞带着厚礼来到唐朝，请求与唐朝通婚，唐太宗答应将宗室女文成公主嫁给吐蕃赞普。

公约641年正月，唐太宗命令礼部尚书、江夏王李道宗带着符节，护送文成公主去吐蕃。吐蕃赞普大喜，他按照子婿的礼节拜见了李道宗。见到唐朝的服饰和华美的仪仗队，吐蕃赞普非常喜欢，于是自己也穿上了丝绸的衣服和文成公主见面，并仿照唐朝的建筑为文成公主修筑了宫殿。当时，吐蕃人喜欢用红褐色的颜料涂抹在脸上，公主觉得很不习惯。于是，吐蕃赞普便下令废除了这一习俗。

不但如此，吐蕃赞普还逐渐改变了自己粗暴猜忌的性格，并派遣子弟前往唐朝，进入国子监，学习《诗经》《尚书》等汉族文化。

[名师讲谈]……

一千三百多年前，文成公主离开繁华的长安城，历经千难万险，行程数千公里，来到了雪域高原，嫁给了吐蕃赞普松赞干布，开创了唐蕃交好的时代。

作为这次和亲的"主角"，文成公主永远留在了中华民族的史册上，被无数后人咏唱和纪念。究其原因，不仅仅是因为文成公主履行了和亲的义务，更主要的是作为一位汉族的公主，她在入藏后，不计个人得失，全身心地投入到汉藏和睦的事业中，以自己的知识和见地，为吐蕃向文明社会的迈进做出了巨大的贡献。

据《吐蕃王朝世袭明鉴》等书记载，文成公主入藏时，队伍非常庞大。唐太宗给她带去了丰厚的陪嫁，其中不但包括佛像、玉器和各种饰物，还有大量关于营造、技工、医学等著作，各种谷物的种子以及乐师、文士、农技人员等。这固然表现出太宗对文成公主的喜爱，但也显示出，从出嫁的那一天，文成公主已经做好了将自己的全部奉献给这片土地，在这里终老一生的准备。

这支庞大的队伍一进入西藏，马上展开各种相关活动，短短的十年时间，吐蕃在政治、经济、文化等各个方面都取得了突飞猛进的发展，成为大唐帝国在西方的有力屏障。然而，就在这时，苦难悄然而至。公元650年，松赞干布去世了，这对于文成公主来说，是一个致命的打击。此时，唐太宗也已去世，继位的唐高宗派来使者，想要接文成公主回长安。

整整十年，远离故土亲人，文成公主何尝不想早日回家。可看看身后这片自己为之倾注了十年心血的土地，她犹豫了。很多时候，一个人的胸怀如何，从某一方面说要看他如何应对苦难和意外，是离弃还是坚持，是软弱还是刚强。文成公主选择了刚强和坚持。她召见了唐朝的使者，告诉他，自己要留在吐蕃。使者回去了，文成公主知道，或许自己终生也不会再有重返故土的机会了，但她却毅然抹去悲伤，继续推行松赞干布在世时的政策：明教化、定礼仪，推行农业、扩大手工业，将自己剩下的岁月无私地奉献给了这片雪域高原。

　　公元680年，在吐蕃生活了将近四十年的文成公主逝世了，吐蕃人民闻听这个消息无不悲痛欲绝，纷纷为她建庙立祠。不但如此，人们还将藏历的四月十五日，即文成公主入藏的日期定为"萨噶达瓦节"。每到这一天，人们都会在布达拉宫举行盛大的活动，以纪念这位对吐蕃的发展做出过巨大贡献的汉族公主。

[**闲话人生**]……

为他人开一朵花　　有一个小山村，风景优美，但因为隐藏在大山深处，外界很少有人知道。眼看旅游业越来越发达，村里的人也想搞旅游开发，可做广告要花很多钱，村里根本拿不出这些钱。

　　这时，一个女孩出了个主意："我们在通往村子的路旁种上花儿吧。这样，外面的人顺着花路也能走进来。"村里的人觉得这个主意不错，便在通往外界的山道两旁种满了油菜，这样既不耽误收成，又有了招引山外人的花路。

　　阳春三月，山道两旁的油菜花开了，好像两条金黄色的地毯，一直延伸到山外。先是几个偶尔经过的游人被吸引过来，他们拿着相机为村子留下了最美丽的剪影。接着，记者来了，画家来了，人们全都陶醉在这美丽的风光里。电视台的记者采访村里的人："你们在大山深处，没有任何推广，为什么却能吸引这么多人？"村里人憨厚地笑了："因为我们都为他人开了一朵花。"

[心灵捕手]……

赠人玫瑰，手有余香

在屋子里放一盆花，屋子便有了生气；在路上铺一片花，路便多了情义；在自己的心里为他人开一朵花，便给人带去了快乐和幸福。

我们常说："赠人玫瑰，手有余香。"这玫瑰是什么？文成公主告诉我们，它是不计个人得失，无私地奉献。山村的人告诉我们，它是真诚地为他人种下的那片油菜花。因为有了它们，荒凉的雪域高原也可以迎来繁花似锦的春天。因为有了它们，偏远的山村小镇也可以变成尘世里的天堂。

其实，在我们的生活中，这样的花儿随处可见，它可以是一句关切的问候，可以是一张纯真的笑脸，可以是一次碰撞后的忍让，也可以是一次吵闹后的宽容。

只要我们能真诚地展开自己心灵的花瓣，岁月一定会赋予我们最美丽的果实，并留下永远的芬芳。

智慧谋略

……智慧的魅力，就是能够在平凡中创造奇迹……

- 英国著名哲学家培根说过："读史使人明智。"其实，历史的本身就是一部人类智慧与权谋的大集合。

- 孙膑围魏救赵，是因为他懂得"解杂乱纷纠者不控拳，救斗者不搏撠"。所以，面对强敌，他避其锋芒，以逸待劳，最终取得胜利。鸿门宴上，刘邦唯唯诺诺，是因为他明白，面对强大的对手，示弱是一种高超的智慧。果然，剑拔弩张中，他成功脱逃，这才有了后世的大汉雄风。李愬雪夜入蔡州，出其不意，攻其无备，大败吴元济。蔡州百姓十几年后再见唐军，"路旁老人忆旧事，相与感激皆涕零"……

- 历史永远是人类最珍贵的智力资源，现今我们面临的竞争、成败、取舍、抉择……都可以在历史中找到相关事例。同样，它里面所蕴涵的政治权谋、精英思维，永远是我们最宝贵的阅历，它比力量和财富更能让我们受益无穷！

[品读经典故事]......

围魏救赵

—— 典出《资治通鉴·第二卷》——

公元前354年，魏惠王派大将军庞涓率领十万大军进攻赵国，包围了赵国的都城邯郸。赵国仓促应战，被魏军打得措手不及，邯郸城危在旦夕。情急之下，赵王只好派人向齐国求救。齐威王收到赵国的求救信息，打算命孙膑为将，领兵救赵。孙膑觉得自己是受刑之人，不宜为将，推脱不受。于是，齐威王任命田忌为大将，率八万大军前去援赵，孙膑则居于辎车之中，为田忌出谋划策。

田忌领命后，想率军直攻邯郸。孙膑拦住了他，说："要排解复杂的纠纷，不能自己挥舞着拳头去争斗；想制止械斗，也不能自己拿着棍棒前去搏击，而是要因势利导，避实就虚。这样的话，双方紧张的形势受到制约，危机自然也就可以化解了。现在，赵、魏两国已经僵持了将近一年的时间，双方的精锐部队全都倾巢而出，国内只剩下了老弱病残。我们不如趁这个机会率军突袭魏国都城，占据交通要道，进攻他们防守薄弱的地方。那么，魏军一定会放弃攻赵而回兵自救。这样一来我们就能一举两得，既可以解救邯郸之围，又乘机打击了魏国。"田忌听了，觉得孙膑的计策十分绝妙，于是就按孙膑说的，率军直攻魏国都城大梁。

果然，听到都城被围，魏军急忙撤兵回救。齐军预先埋伏在魏军的必经之路桂陵（今河南长垣），当魏军长途跋涉行至桂陵时，齐军对魏军进行了突袭。魏军由于长期作战，早已疲惫不堪，面对以逸待劳的齐军，顿时陷入被动挨打的局面，死伤两万多人，大败而归。

[名师讲谈]……

作为中国历史上一次著名的战役，"围魏救赵"这一战例不仅提高了齐国在各诸侯国之中的威信，也成就了孙膑一代兵法大家的美名，从此以后，他的兵法被世人争相传诵。纵观这场战争，我们可以十分清楚地发现，它巧妙地体现了孙膑所说的"解杂乱纷纠者不控拳，救斗者不搏撠。批亢捣虚，形格势禁，则自为解"的道理。这实际上是一种非常高明的解决矛盾的办法。具体来说就是避开与敌方的正面冲突，从其他的突破点着手，而这个突破点应该既与我们的目的相关，又是对方的薄弱之处。因此，"围魏救赵"中，"围"只是一个手段，是为了分散敌方的注意力，从而达到"救"的目的。

其实，从当时的实力来说，魏国要胜过齐国许多，荀子就曾经说过："齐之技击，不可遇魏之武卒。"然而，就是这样强大的魏军却在桂陵之战中大败，这不得不说孙膑作战技巧的高明。

作为军事史上一个成功的谋略，"围魏救赵"的计策在历朝历代屡用不鲜。

太平天国后期,由于内讧,太平军的力量被大大削弱,清军趁机反攻太平天国的都城天京。仗着人多势众,清军将天京层层包围,使其成为一座孤城。

面对险恶的形势,忠王李秀成献上一计:"派一队人马偷袭清军屯粮之地杭州,清军肯定会分兵救援,然后城中的太平军趁机突围,偷袭的军队也回撤,两队人马内外夹击,天京之围可解。"听了这个主意,众将纷纷赞同。

于是,天王洪秀全派李秀成和翼王石达开率领两队人马火速赶往杭州。二王到达杭州后,兵分两路,攻破杭州,烧毁了清军的粮草。清军闻讯,急忙回救杭州。洪秀全趁机率军突围,与赶回来的李秀成、石达开会合,对清军形成内外夹击之势。清军始料不及,死伤六万余人,大败而归,天京之围遂解。这可以说是对"围魏救赵"这一战术最巧妙地运用了。

[闲话人生]……

钻在狼怀里取暖的猴子　一个动物园购回两只狼崽,但一时之间却无处安放。一名饲养员突发奇想,将狼崽关进了猴子笼。狼崽虽小,但毕竟是狼,所以,开始的时候,他们经常欺负猴子,猴子都被吓得躲到了笼子顶上。可随着时间的流逝,猴子发现,狼崽虽然凶猛,却无法跳上笼子顶。

于是,猴子向狼发起了反攻。它们一有机会就跳下来,朝着狼崽狠抓几下或猛咬两口，然后再迅速跳上笼子顶。如此反复多次，狼崽尽管恼怒，却无计可施，万般无奈，只好向猴子"俯首称臣"。从此，猴子才得以安生下来。

更有意思的是，天冷时，猴子们还会钻到狼崽的怀里取暖，而狼崽也乖乖承受，从不反抗。

[心灵捕手]……

避重就轻，迂回取胜

从开始的担惊受怕到后来"大逞威风"，猴子只有一个法宝，那就是利用狼的弱点，并且避开自己的弱点。很多时候，面对强敌，如果一味硬拼，无异于以卵击石。现实中也是这样，很多人习惯于一种直线型的思维方式，即只会正面对抗，不懂得迂回作战。试想，如果这样，兵力、实力都不如魏军的齐军如何取胜？而那些与狼崽同笼的猴子只怕也要整天提心吊胆了。

生活中我们可能会遇到各种问题或是矛盾，对于这些矛盾和问题有两种不同的解决方法，简单说就是硬解决和软解决。所谓硬解决，就是正面应对，给予迎头痛击。有时这种方法确实可以解决问题，但更多的时候，反倒会激化矛盾。比如两个很好的朋友，因意见不和产生争执，如果双方针锋相对，很可能连朋友都做不成了。反过来，如果我们讲究方式方法，讲究时机和火候，采取迂回策略，就有可能不费吹灰之力解决了问题。这也就是我们所说的软解决，这才是高明的解决方法。

[品读经典故事]……

毛遂自荐

——— 典出《资治通鉴·第五卷》———

公元前258年,秦国发兵攻打赵国都城邯郸,赵王派平原君向楚国求助,说服楚国与赵国联合抗秦。平原君想从门下的宾客里挑选二十个文武双全的陪同自己一起前往楚国,可挑来挑去只选出了十九人。

这时,一个名叫毛遂的门客自告奋勇,表示愿意和平原君同去楚国。平原君说:"一个有才能的人在社会上,就像锥子放在袋子里,尖儿立刻就会露出来。可你在我的门下已经三年,却从来没有人称颂过你,这就说明你没有什么长处,既然这样,你还是留下吧。"毛遂说:"假使我早在袋子里,早就脱颖而出,而不是只会露出一点儿尖儿而已。"平原君这才允许毛遂和他同行。

平原君到了楚国,和楚王说合纵抗秦的事,两个人从早上一直谈到中午,还没达成决议。毛遂一见,扶着剑柄奔上大殿,对平原君说:"合纵的利害关系,两句话就可以说清,何至于从早上谈到现在?"楚王大怒,喝道:"我和你主人谈话,你算什么人?还不下去!"没想到,毛遂手按长剑,上前几步,对楚王说:"大王之所以呵斥我,是仗着楚国人多。现在我就在你十步之内,大王的性命全在我的手上!况且我听说商汤以七十里土地而王天下,文王以百里之地令诸侯臣服。而楚国方圆五千里,将士上百万,却被秦国连夺两城,连我们都为你感到耻辱。现在我们提出合纵,实在也是为楚国好啊!"这番话刺中了楚王的要害,他连连点头,马上与平原君签订了合纵协议。

[**名师讲谈**] ……

纵观中国历史，本来籍籍无名，只因为某一件事而名垂千古的人屈指可数，毛遂无疑是其中之一。因他而诞生的成语，如"毛遂自荐""脱颖而出"，两千年来一直被后人引用，而他勇于自荐的行为和智谋也一直为人们津津乐道并争相效仿。宋朝杰出的政治家、文学家王安石在他的《送吴显道南归》一诗中就曾写下过这样的句子："何不上书自荐达，封侯起第一日中。"

据史料记载，在楚国和赵国签订了合议以后，毛遂手托盛满鸡、马、狗血的铜盘，对同行的十九人说道："你们这些庸碌之辈，正是人们所说的'因人成事'者啊！"其实，这里的"因人成事"包含着两重含义：一种是需要别人的带领和帮助，在有利的条件下才能做成事；而另外一种，则是懂得把握机遇，创造条件做成大事，这样的人才能独当一面。而毛遂自己恰恰属于后一种人。难怪平原君回来以后，对毛遂的大智大勇赞叹不已，留下了"先生三寸之舌，强于百万之师"的慨叹。

其实，在中国历史上，"毛遂自荐"这一谋略还被很多人运用过，汉代的"终军请缨"便是一例。终军为人很有才学，年少时便以博学善辩而著称，十八岁时被选为博士弟子，赴京师长安。到了长安后，终军马上向汉武帝上书，陈述国家大事，见解非常独到。汉武帝大喜，封他做了"谒者给事中"一职。后来，朝廷要派人出使南越，终军又主动要求出使，并请求汉武帝赐给他长缨一根，表示如果南越王不服，就用长缨将他捉回来。"请缨"一词就是从这个故事演化而来的，并且和"毛遂自荐"一样，流传沿用至今。

"橹樯空大随人转，秤锤虽小压千斤。利锥不与囊中处，文武纷纷十九人。"时间已经过去了将近两千年，历史的烟尘已经散尽，但毛遂这把"利锥"却依旧熠熠闪光，辉耀千秋。

[闲话人生]……

难忘的考试　自从开始上健康课以来，教室的后黑板上就一直挂着一幅人体图，图上详细标注着人体主要骨骼和肌肉的名称和位置。在那个学期里，虽然这幅图一直挂在那儿，但老师从来没有提到过它。期末考试的时候，同学们发现那幅图被撤掉了，而试卷上只有一道考题，就是"写下并标出人体的主要骨骼和肌肉的名称和位置"。

同学们当时就傻眼了，大家一致提出抗议："这个问题我们从来就没学过。"

"那不是理由。要知道，那幅图在黑板上挂了整整五个月。"老师说着，将同学们的试卷收了上去，"记住，学习不只是学别人教给你的东西。"

[心灵捕手]……

学习不只是学别人教给你的东西

"学习不只是学别人教给你的东西。"相信,听过这句话,你一定会被震撼的。很多时候,作为学生,我们习惯于从老师那里接受知识,可是,这种接受往往是极其被动的。所以,在很多情况下,我们常常会发现,当自己面对问题时,总是拘囿已有的形势,墨守陈规甚至不知变通。这个时候,我们真的应该好好学学毛遂这种勇于自荐的精神。

众所周知,中国的传统文化一直强调的是谦让和内敛。作为一个普通的门客,他们更多的是应该等待别人的发现或推荐,正所谓"伯乐才能识英才"。可事实上却是"千里马常有,而伯乐不常有",如果把所有的时间都用在等待伯乐上,可能终其一生也不会"穿透套在自己身上的袋子"。因此面对这种情况,毛遂反其道而行之,大胆地展示自己,这正是他的智慧所在,也是他为日后取得成功迈出的关键性的一步。

作为新时代的青年人,我们当然也要有这种"毛遂自荐"的精神,同时更应该学习毛遂的智慧,遇到问题主动出击。长此以往,我们就会发现:那些别人没有教过我们的东西,早已在不知不觉中进驻于我们的脑子里了。

[品读经典故事]……

奇货可居

——— 典出《资治通鉴·第五、六卷》———

战国时，秦国太子安国君的儿子异人在赵国做人质。当时，因为秦国屡次攻打赵国，因此，异人在赵国的处境非常艰难。阳翟（今河南禹州）有个大商人叫吕不韦，正在赵国都成邯郸做生意，知道了这种情况后，他不禁自言自语道："这可是稀罕货物，可以囤积牟利！"于是，吕不韦就去拜见异人，对他说："你兄弟二十余人，你居于中间，不受宠爱，况且长期在诸侯国做人质，将来争立储君是非常困难的。"异人知道吕不韦的意思，忙问道："我该怎么办呢？"吕不韦说："现在，太子非常宠爱华阳夫人，而华阳夫人又没有子嗣，如果你能得到她的青睐，一定可以被立为继承人。我虽然不富裕，但也愿意拿出千金为你去游说。"异人一听非常高兴，说："如果真如你所说，我愿意与你共享秦国。"

于是，吕不韦拿出了五百金给异人，让他结交宾客。然后，吕不韦又拿出五百金买了各种奇珍异宝，来到秦国，见到华阳夫人的姐姐，通过她把珍宝献给华阳夫人。他又趁机称赞异人，说他礼贤下士，结交的宾客满天下，并且因为思念太子和华阳夫人而日夜哭泣。现在，华阳夫人没有子嗣，等太子一死，肯定无依无靠。如果能推荐异人为嫡子，便终身有靠了。华阳夫人听了，觉得吕不韦的话很对，便想尽办法劝说安国君立了异人为嫡子。

后来，异人回到秦国，继承王位，是为庄襄王，他尊华阳夫人为太后，封吕不韦做了相国。

[**名师讲谈**]……

中华文明源远流长，在这条历史长河中，涌现出许许多多的奇人异事，吕不韦"奇货可居"可以算是其中最具传奇性的故事之一了。在"重农抑商"的封建社会，吕不韦凭借自己的智慧，经过一系列艰难的奋斗，完成了从一个商人到一个政治家的完美转变，为后人留下了一段不朽的传奇。纵观吕不韦的一生，我们可以发现，他之所以成功，完全依赖于其敏锐的眼光、超人的谋略以及灵活的手段，从而使他抓住了一个又一个的机会，成就了自己的事业。

如今，再看吕不韦的成功之路，我们会发现，他真是深谋远虑，智慧过人。用著名史学家柏杨的话来说，他可谓是"一代豪杰"。首先，他对秦王室的各种利害关系了若指掌，一语就切中了异人的要害。否则，即便一个是家资万金的商人，一个是潦倒落魄的质子，但在那种商人被誉为"五蛀之一"的封建社会，异人也不会对吕不韦另眼相看的。

其次，他的手段灵活至极。通过现有的史料，我们可以知道，在做相国之前，吕不韦并没有和华阳夫人见过面，他所有的活动都是通过华阳夫人的姐姐进行的。但正是因为那些话是由自己的姐姐说出来的，一针见血又充满关怀，所以华阳夫人才深信不疑。

再有，就是他敏锐的眼光了。吕不韦所处的时期是战国后期，当时虽然七雄并列，但秦国经过商鞅变法已经国力日盛，吕不韦正是看中了这一点，才把所有的"投资"都倾注在了异人这个秦国质子的身上。从某一个方面来说，正是因为吕不韦的远见卓识，才有了以后大秦帝国的统一。

如今，作为历史，吕不韦"慧眼识奇货"的故事已经离我们很远了，但他好谋善断、及时把握机会的做法却在中华民族的历史上写下了亮丽的一笔。莎士比亚曾经说过："聪明的人善于抓住机遇，更聪明的人善于创造机遇。"吕不韦无疑属于那种更聪明的人。

[闲话人生] ……

机会　课堂上，老师给每个学生都发了一张白纸，让他们在这张白纸上画出"机会"。同学们面面相觑，谁也不知道给如何下笔。结果，全班五十个学生，四十九个交了白卷。老师拿着那唯一的一张画了东西的白纸展示给学生看。大家发现，那上面是一个看不出什么的物体，前面毛茸茸的，后面却光秃秃的。

老师问画画的那个学生，为什么说这个物体就是机会。那个学生回答："机会前面是毛，如果从你面前走过，你可以一把抓住它。可它的后面却光光的，一旦走过去，再想抓就很难了。"

[心灵捕手]……

迎接机遇之神

平时,我们经常可以听到这些词:机会,机遇。可它们到底是什么?对我们会产生什么样的影响?那个学生告诉我们:机会是一个契机,但它稍纵即逝。吕不韦告诉我们:抓住机会,就有可能改变你的一生。

古往今来,机会对于每个人来说都是平等的,它不会错过任何一个人,只是很多时候,我们不会把握。曾经有这样一个故事:机遇之神来到一个村庄,想给贫苦的人们送去好的机遇。他一家接一家地敲门,告诉人们自己是机遇之神,但没有一户人家给他开门。因为人们都在犹豫,不知道该不该相信他的话。就在人们犹豫的时候,机遇之神叹息着走了。

其实,人生也是如此,机会从来都是来去匆匆,就看你能否在那一瞬间抓住它,做出正确的选择。所以,平时我们就要积蓄力量,这样,在机遇之神降临的时候,我们才可能牢牢地抓住它,因为"机会从来都是留给准备好的人"。不但如此,积蓄力量的同时我们也应该尽自己的所能创造机会,铺好自己的人生之路。

[品读经典故事]……

鸿门宴

———— 典出《资治通鉴·第九卷》————

刘邦和项羽是秦末起义军中最强的两股势力。公元前206年，刘邦率军进入咸阳，平定了关中。这时，刘邦的左司马曹无伤暗中向项羽告密，说刘邦想要在关中称王。项羽一听大怒，打算出兵攻打刘邦。项羽的叔叔项伯与刘邦的谋士张良交好，他听到这个消息偷偷来到刘邦军中，劝张良离开。张良感激刘邦的知遇之恩，反倒把项伯的话告诉了刘邦。当时，刘邦在实力上与项羽相差很远，因此非常惊恐。张良便献上一计，他劝刘邦请项伯为自己说情，刘邦答应了。他以兄长之礼接待了项伯，并答应项伯第二天一早就亲自去向项羽道歉。

第二天，刘邦带领张良和猛将樊哙来到鸿门拜见项羽。当时，项羽的谋士范增力劝项羽趁机杀掉刘邦，以绝后患，项羽同意了。刘邦一进门就向项羽道歉："我与将军合力攻秦，绝无称王之心，都是因为小人搬弄是非，才使你我产生了隔阂啊。"项羽闻言犹豫起来。席间，范增几次暗示项羽下令杀掉刘邦，项羽都装作没看见。看到项羽迟迟不肯动手，范增来到帐外，找到项羽的弟弟项庄，让他借舞剑的机会杀了刘邦。谁知，见项庄舞剑，项伯也起身拿出宝剑与项庄对舞，借此保护刘邦。

张良见情况危急，忙出帐找到樊哙，将里面的情形告诉了他。樊哙大怒，持剑闯入大帐，力斥项羽谋杀功臣，是在重蹈秦国灭亡的覆辙。项羽无话可说，只好叫项庄住手。刘邦见自己危在旦夕，于是趁上厕所的机会逃回了自己的营地。

[**名师讲谈**]……

纵观中国历史，恐怕没有哪一场宴席比"鸿门宴"更有名了。两千多年来，一提起鸿门宴，人们所想到的，不是什么揖让进退、彬彬有礼的和气局面，而是一场剑拔弩张、勾心斗角、杀机四伏的危险场景。为了这场宴席，不但双方的谋臣智士殚精竭虑，刘邦和项羽两位当事者也是你来我往，展开了一场心机大战。

故事的起因很简单，但整个过程却惊心动魄、险象环生。刘邦屡屡处于危险境地，却次次化险为夷，这里面固然有张良的机智和项伯的相助，但刘邦本人的随机应变也非常重要。

阅读整个故事，我们会发现，从头到尾刘邦都是以一个弱者的身份出现的，但这个"弱"恰恰是他的一招妙计。因为从当时的情况来看，项羽拥兵四十万，而刘邦只有十万人马，两者相差悬殊。如果与项羽硬碰，几乎没有胜算。所以，他才为项伯"奉卮酒为寿"，又与他结了婚约，极尽奉承之事。而刚一入鸿门，刘邦又马上向项羽谢罪，言辞谦恭，对项羽一口一个"将军"，自己却口口声声称"臣"，虽极力想显得卑微，但却处处透着机巧，一下子便稳住了项羽。这正是一个出色的政治家面对强敌时的机谋：以柔克刚，弱中求

强。显然,刘邦的表现达到了自己想要的效果,项羽杀他的心思被动摇了,他终于得以逃脱。

其实,历史上有很多相似的镜头。《三国演义》中"青梅煮酒"一段即是实例。当刘备刚投奔曹操时,曹操的谋士荀彧已经看出刘备"其志不小",建议曹操立刻杀掉刘备。"煮酒论英雄"就是曹操设下的"鸿门宴",用来试探刘备是否有争夺天下的野心。曹操指天为题,向刘备追问天下英雄。刘备唯恐曹操看出自己的居心,处处搪塞。可那些搪塞之语都被曹操一一驳回,他步步紧逼,手指刘备:"今天下英雄,唯使君与操耳。"一语道出刘备心声。刘备大惊,恰巧此时一个惊雷响过,他急中生智,假装害怕,将手中筷子掉落在地。曹操大笑,放下心来。是啊,一个连雷声都怕的人,在曹操眼里当然成不了大气候。却不料,这正是刘备的智慧所在。

如今,大汉雄风早已成了历史,但一出"鸿门宴",作为一部计谋智勇的传奇却历代相传、经久不衰。

[闲话人生] ……

海滩上的蓝甲蟹 海滩上的蓝甲蟹分为两种,一种非常凶猛,和谁都敢开战,遇到危险从来也不知道躲避。另外一种非常温顺,遇到挑战总是退避三舍,如果碰到强敌,则立刻翻过身子,四脚朝天,躺在沙滩上装死,任凭对手怎么拨弄它,它都不理不动。

按理说,自然界的规律就是"弱肉强食",可经过千百年的进化,在蓝甲蟹中却出现了一种奇怪的现象。强悍凶猛的蓝甲蟹越来越少,成了濒危动物。而软弱的蓝甲蟹反而大量繁衍,遍布世界上的许多海滩。动物学家经过研究发现，强悍的蓝甲蟹之所以濒临灭亡，首先是因为它们好斗，在相互残杀中死去大半；其次是因为遇到危险不知躲避，又被天敌消灭了大半。而温顺的蓝甲蟹，则因为会示弱，反倒保护了自己，大量繁衍。

[心灵捕手]……

做弱者也是一种智慧

老子曾经说过："江海之所以能为百谷王者，以其善下之。"意思是说江河湖海之所以能够不断壮大，是因为其所处地位最低，故能纳百川。这个道理换一种说法就是当遇到危险的时候，能主动放低自己的位置，再寻求机会躲避或反击，不失为一条成功的法则。而在鸿门宴这一事件中，刘邦无疑将这条法则运用得炉火纯青。同样，海滩上的蓝甲蟹虽不懂人类的智慧，但在长期的进化过程中，却也很恰当地运用了这一法则。

很多时候，我们不承认自己是弱者，遇到事情生扛硬顶，往往撞得头破血流。其实，在竞争激烈的社会中，更需要的是"适者生存"，而不是"强者生存"。所以，有时我们不妨学学刘邦，学学海滩上的蓝甲蟹，适当放低自己的位置，学习做一个弱者。不过我们一定要明确，妥协并不代表软弱，而是为了等待时机，做出最有力的反击！

[品读经典故事]……

背水一战

—— 典出《资治通鉴·第十卷》——

公元前204年，刘邦派大将韩信去攻打赵国。赵王歇闻讯，和成安君陈馀率二十万大军集结在井陉口，准备迎战。广武君李左车建议陈馀抄后路截取韩信的粮草，再以大军困住韩信，这样汉军就会不战而败。可陈馀仗着自己兵多将广，并没有听取李左车的意见，决意与韩信正面交战。

韩信听到这个消息非常高兴，他把兵马驻扎在距井陉口三十余里的地方，然后派出两千名骑兵，每人拿一面红旗，趁天黑赶到赵营的后方埋伏起来。

接着，韩信又派出一万兵马，背靠河水摆开阵势。陈馀见此情景不禁哈哈大笑："背水作战乃兵家大忌，他们这样做真是自寻死路！"于是，陈馀立刻率军大举进攻，韩信见状，命令士兵丢旗弃鼓，逃回河边。陈馀大喜，率军倾巢而出，想把汉军全部歼灭在河岸。由于后退无路，汉军将士拼死奋战，双方在河边展开了混战。

这时，预先埋伏的汉军趁赵营空虚，杀入赵营，拔掉赵国的军旗，换上随身携带的汉旗。赵军看到自己的军营插满了汉军的旗子，军心大乱，汉军乘机前后夹击，大破赵军。陈馀被杀，赵王歇被活捉。

事后，将士们向韩信请教："兵法上说：'布阵要背面靠山，前面临水。'可你却让我们背水布阵，这是为什么呢？"韩信笑着回答："这就是兵法中说的'陷之死地而后生，置之亡地而后存'啊。把士兵们放在没有退路的地方，他们只有拼命奋战，以求生存了。"

[名师讲谈]

"背水一战"作为中国战争史上以少胜多的著名战例，几千年来一直为人们津津乐道，韩信也凭此一战成为楚汉时期赫赫有名的军事将领，其用兵之道，为历代兵家所推崇。浏览韩信的用兵之法，最大特点就是灵活，而背水之战无疑是其中最为典型的一例。

纵观当时的情况，汉军只有几万人，而且大多数是临时组织起来的新兵，而赵军号称二十万，主帅陈馀身经百战，谁优谁劣，一眼就可以看出来。可事实并不像人们预料的那样。战斗刚一开始，胜利的天平就倾向了汉军一方，最后结果是赵军大败，主帅被杀，赵王被俘。那么，韩信取胜的要点在哪儿呢？

孙子曾经说："兵士甚陷则不惧，无所往则固，深入则拘，不得已则斗。"也就是说，使士卒深陷危险境地，他们就无所畏惧；无路可走，军心就能稳固；深入敌方则不易涣散；迫不得已就拼死战斗。韩信正是运用了这一点，将士兵们置于"无所往则固，不得已则斗"的境地，从而激发出他们战斗的勇气，一举奏效。事后，韩信也亲口向将士们解释了取胜的原因，那就是"陷之死地而后生"。

其实，这种先将自己一方置于绝境，利用士兵求生的本能拼死奋战，从而大获全胜的战术并非韩信首创。在此战不久之前的巨鹿之战中，项羽就曾经破釜沉舟，用过此招。而当时，韩信和陈馀都在项羽的军中，都亲历了那次战争。可韩信活学活用，陈馀却不思借鉴，两个人军事素养的高低由此可见一斑。

除此之外，"拔旗易帜"也是汉军取胜必不可少的一个环节。从心理上讲，这一计谋扰乱了赵军的军心，为汉军的前后夹击打下了基础。后来，这一战术在汉军的作战中还在被不停地运用，"四面楚歌"即是一例，可惜同样在巨鹿之战中一战成名的西楚霸王项羽却没有吸取教训、学得经验，终于走向了兵败的绝路。

如今，背水一战的历史早已过去，但韩信灵活创新、奇正并用的作战手法，却为中国战争史留下了一则精彩的篇章。

[闲话人生] ……

决心的力量　某地发生了战乱，人们纷纷逃往边境。在这些难民当中，有一位母亲和她三岁的孩子。由于食物匮乏，再加上天气恶劣，这位母亲的健康每况愈下，她觉得自己根本就支撑不下去了。于是，她找到同行的一位神父，请求神父帮忙照顾她的孩子。

在检查了这位母亲的身体后，神父发现她的体力足够走到边境。于是，神父断然拒绝了这位母亲的求助，他冷冰冰地说："他是你的孩子，当然要由你自己负责，我无法代劳！"这位母亲听到神父的拒绝，不由得怒火万丈，她看了看神父，抱着孩子回到了难民的队伍中。

半个月后，这群难民终于来到了边境，通过国际红十字会的帮助，他们都得到了妥当的安排。这时，神父才来探望那位已经恢复健康的母亲，他欣慰地说："还好，当初我没有接下你托孤的任务，今天才能看到你们母子都平安。"

[心灵捕手]……

激发生命的潜能

这真是一位充满智慧的神父，在最危急的时刻，他没有接受那位可怜母亲的请求，而是用一句冷冰冰的拒绝激发出那位母亲潜在的能力，使她在没有帮助的情况下依靠自己渡过了困境。

其实，对于我们每个人来说，在我们的生命资源中，都蕴藏着不可估量的巨大的潜能。曾经有这么一个故事：一个人在荒野中被一只狼追赶，求生的本能促使他极力奔跑，最后，他竟然跨越了3米宽的悬崖，将狼甩在了后面，这就是生命的潜能。

当然，既然是潜在的能力，就是一种隐含的东西，需要我们去开发。韩信运用自己的智慧，将一场残酷的对敌战简化为一种最简单的保命哲学，从而激发出士兵们的潜能，大败赵军。

而对我们来说，适当的压力和困境，同样也会激发我们的潜能。所以，在生活中，我们只要了解自己内心的力量，勇敢地去面对那些看似很不容易渡过的挫折，我们就会发现，"背水一战"的背后，往往是"绝处逢生"。

[品读经典故事]……

挟天子令诸侯

——— 典出《资治通鉴·第六十二卷》———

公元196年，被国相董卓劫持到长安的汉献帝历经千难万险，在韩暹、杨奉等大臣的护送下，终于回到了东都洛阳。当时的洛阳城已是一片废墟，宫室尽毁，献帝以及百官的饮食起居形同乞丐，尚书以下的官员只能靠采集野生谷物为食。

当时，曹操正在许昌，便谋划迎接汉献帝来许昌。但许多部下都纷纷反对，他们认为崤山（河南西部）以东局势未定，而韩暹、杨奉等人自恃护驾有功，骄横跋扈，又不能迅速将其制伏，不适宜奉迎献帝。

这时，谋士荀彧说："当初，晋文公迎纳周襄王，各国诸侯一致推选他为霸主；汉高祖身着孝服，为义帝发丧，使得天下百姓诚心归附。自从天子流离在外，将军首先兴起义军，只因崤山以东局势混乱，还来不及远行迎驾。如今，天子返回旧都，但旧都荒废已久，天下忠义之士、黎民百姓莫不悲伤万分。将军借此时机奉迎天子以顺民心，是最合乎时势的行为；用大公无私的态度使天下人心悦诚服，是最正确的策略；坚守君臣大义，招揽天下英才，是最大的德行。这样，即使四方还有叛逆，也不能有什么作为！至于韩暹、杨奉之辈，更没有什么值得顾虑的！如果将军不及时决定，等别的豪杰也生出奉迎的念头，那时再考虑就来不及了！"听了这番话，曹操深表赞同，于是派中郎将曹洪到洛阳去迎接汉献帝。

这年的八月二十七日，汉献帝迁都许昌，并改许昌为许都。曹操被任命为大将军，封武平侯，开始借助献帝名义号令天下，实力迅速壮大了。

[**名师讲谈**] ……

"挟天子令诸侯"是曹操政治生涯中一步重要的棋,一直被看做他成就大业的重要条件之一。而"挟天子令诸侯"作为一种借他人之威壮自己之势的高超的政治手段,曾不止一次地被运用到政治、军事、商业等各个领域。

其实,在三国时期,最先提出"挟天子令诸侯"的并不是荀彧,而是袁绍的谋士沮授。但袁绍认为,如果奉迎了天子,则必须事事向他请示,做起事来就会畏首畏尾,因此并没有采纳沮授的建议。不久之后,曹操却用了这条计谋,奉迎汉献帝到了许都。

纵观整个事件过程,我们可以明显地看到曹操此举的聪明所在。当时,汉室衰微,天下诸侯并起,而曹操的实力并不强大。这个时候,他奉迎汉献帝,实际上是把自己放在了一个政治上的不败之地,也就是我们所说的"师出有名"。凭借这种政治优势,他可以借用朝廷的名义出征,帮助自己实施各种战略计划,从而逐步消灭割据势力。事实证明,这个策略非常正确,就在曹操"挟天子令诸侯"后不久,他就借机收复了黄河以南的大片地区,奠定了以后统

一北方的基础。

这种做法带来的第二个好处就是利用天子的名声,广招四方有才之士。当时,虽然诸侯割据,但在大多数文人志士的心中,汉室仍是他们希望保全的根本。这个时候,曹操将窘困流徙中的汉献帝迎到许都,无疑是对他们最大的鼓舞。因此,当时许多名士都来到许都,投奔了曹操。像荀攸、郭嘉、华歆等人莫不如此,而这些人后来都成为曹操建功立业必不可少的功臣。这也正应了荀彧的那句话:"奉主上以从民望,秉志公以服雄杰。"

浏览整个中国历史,如曹操一样"挟天子令诸侯"的事件比比皆是。远到春秋时期齐桓公"尊王攘夷"、五代时期的杨坚代周建隋,近到西安事变,无一不是巧妙地利用了这一计谋,从而达到了自己的目的。

[闲话人生]……

洛克菲勒的智慧 第二次世界大战结束后,战胜国决定成立一个处理国际事务的组织——联合国。从联合国的功能来讲,它的总部应该建立在一个繁华的城市,可是,在任何一座城市购买建立这个庞大机构的土地都需要一笔很大的资金,这对于刚刚起步的联合国来说根本没有条件实现,为此,各国首脑非常着急。

这个时候,洛克菲勒家族听说了这件事,他们马上宣布愿意出资八百七十万美元在纽约买下一块地皮,并无条件地捐赠给联合国。对于洛克菲勒家族的这一举动,美国的许多财团都惊讶不已,他们觉得洛克菲勒家族简直是发疯了!可他们并不知道,当洛克菲勒家族掏钱买下那块土地的时候,也买下了与那块土地毗连的全部土地。等联合国大楼建起来后,它四周的土地价格立刻飙升起来。

现在,洛克菲勒家族凭借联合国大楼周边的土地已经获得了超过当年赠送金额几百倍的财富。

[心灵捕手]……

他山之石,可以攻玉

八百七十万美元,这在当时可以说是一个天价,即使对财力雄厚的洛克菲勒家族而言,也是一笔不小的开支。难怪事情发生后,有人讶异,有人惊呼。但洛克菲勒家族却看中了它背后隐藏的商机,因此毫不犹豫地投下了"赌注",事实证明,他们的决定是多么正确。同样,曹操决定迎汉献帝到许昌的时候,除了荀彧外,几乎所有的谋士都持反对意见,但事实也证明,正是因为"挟天子令诸侯"的举动,才成就了曹操的霸业。从某种意义上来说,曹操和洛克菲勒的举动无论在商机还是政见上都达到了双赢的效果。

《诗经》中有一句话:"他山之石,可以攻玉。"意思是说,别的山上的石头,可以帮助自己来打磨玉器。或许,对大多数人来说,生活中很难发生这种事情,但这并不表明这一谋略对我们就毫无用处。举个简单的例子,比如在学习或工作中,我们完全可以借鉴他人的优势来提高自己。因此,在激烈的社会竞争中,如果我们能将这一点活学活用,一定会取得事半功倍的结果。

[品读经典故事]……

官渡之战

—— 典出《资治通鉴·第六十三卷》——

曹操奉迎汉献帝到许昌后，取得了政治上的优势，实力大增，对占据黄河以北的袁绍形成了很大的威胁。为了消灭这个隐患，公元200年，袁绍率百万大军讨伐曹操，双方在官渡展开对峙。袁绍的谋士沮授劝袁绍说："曹军粮草不足，贮备物资更是远远不够。我们理应做长期的打算，用时间来拖垮曹军。"但袁绍并没有采纳沮授的意见，而是决定从正面进攻。

当时，曹操的兵力远远不如袁绍，交战初期，曹军接连吃了几次败仗。曹操非常担忧，便准备退回许都。这时，荀彧进言道："袁绍将全部军队驻扎在官渡，打算与您一决胜负。现在，敌我双方已经相持了半年，僵局马上就要被打破，形势势必发生变化，这正是出奇制胜的好时机，一定不可错失。"曹操听从了荀彧的劝告，坚守营垒，并派兵伏击了袁绍的粮草车，对袁军造成了不小的打击。这时，沮授又劝说袁绍，让他派人保护后方的辎重，以防曹操再次偷袭，但袁绍还是没有听从。

恰巧这时，袁绍的另一个谋士许攸的家人犯错，被袁绍逮捕。于是许攸便投奔了曹操。许攸对曹操说："曹公虽然取得了几次胜利，但孤军作战，外无救援，内无粮草，形势十分危急。现在袁绍的辎重全部驻扎在乌巢，那里的屯军并无戒备。如果你能以轻骑兵偷袭，烧了他的粮草辎重，不出三日，袁军必败。"曹操大喜，亲率五千骑兵突袭乌巢，烧毁袁绍的全部辎重。消息传来，袁绍所部军心大乱，纷纷溃败投降。曹操趁机全线出击，大败袁军，歼敌七万余人，袁绍父子仅仅率领八百骑兵仓皇逃走。

[**名师讲谈**]……

　　官渡之战是中国战争史上著名的以少胜多的战役，也是曹操与袁绍争夺北方霸权的转折点。官渡之战后，曹操的实力得到了进一步的增强，为以后统一北方奠定了基础。纵观这场战争，曹操只有区区七万兵马，而袁绍大军七十万，号称百万，双方的实力谁强谁弱，十分明了。但战争的结果却是曹军大胜，究其原因，高超谋略的运用可以说是曹军制胜的关键。在这场战争中，中国古老的兵法战略被运用得淋漓尽致。

　　那么，这里说的"谋略"究竟在哪里？首先是粮草问题。兵法有云："兵马未动，粮草先行。"可见，在战争中，特别是长时间的拉锯战中，粮草问题对双方的胜败往往起着决定性的作用。对于这一点，双方的谋士都做出了相同的分析。袁绍的谋士沮授说："彼军无粮，利在急战；我军有粮，宜且缓守。旷以时日，彼军不战而败。"而曹操的谋士荀彧也指出："迁延岁月，粮草不敷，事可忧矣。"可以说，在这一点上，双方是"英雄所见略同"。所以，曹军一方想方设法袭击袁军粮草，而袁军一方则提出增兵护粮。

那为什么双方都看出了问题的关键，袁军却还是失利呢？这就涉及到第二个问题：对谋略的采纳和运用。

起初，曹军兵败时，曹操虽有退意，但最终却听从了荀彧的建议："坚壁持之。"而当许攸献计火烧辎重时，"操大喜"，亲率大军偷袭乌巢。反过来看袁绍，无论是哪个谋士的意见，统统都是"不从"。这就从另一个方面说明了官渡之战的实质，即用兵的高明不在于胸中究竟藏有多少兵书，更重要的是如何听取多方面的意见，依据时势的变化及时变通，这也是战争中"谋"的关键所在。唐代著名学者赵蕤在《长短经·兵权》中曾经说过："自古兵书殆将千计，若不知合变，虽多亦奚以为？"而袁绍恰恰是犯了这个错误，虽谋士众多，但不听人言，不知变通，最终导致了失败。难怪不久以后，诸葛亮在《隆中对》中也明确指出："曹操势不及袁绍，而竟能克绍者，非惟天使，抑亦人谋也。"

[闲话人生]……

死在兔岛上的狼　一只狼被洪水卷进了大海，它抱着一根木头漂到了一座小岛上，岛上只有一种生物——兔子。面对这些兔子，死里逃生的狼大喜："我要把它们统统制成腊兔，等太阳把海水晒干后，带回去慢慢享用。"

从那儿以后，狼就马不停蹄地干起了捕杀兔子的"工作"。岛上的兔子惊慌失措，于是，兔王便冒着生命危险去和狼谈判。它希望狼每天只吃一两只体弱的兔子，这样，兔子的数量不会减少，狼也不会挨饿。但狼坚信总有一天太阳会把海水晒干，根本听不进兔王的话，反倒把兔王也变成了腊兔。

很快，小岛上就没有了兔子的踪迹。狼天天吃着腊兔，等着太阳把海水晒干。可过了整整两年，海水丝毫没有减少，腊兔却已经全部被狼吃光了。

没多久，狼就变成了一堆闪着磷火的白骨。

[心灵捕手] ……

兵强却为寡谋亡

针对官渡一战，《三国演义》的作者罗贯中曾经发出这样的感慨："弱势只因多胜算，兵强却为寡谋亡"，一针见血地指出了袁军失利的原因。看过上面的故事，我们可以发现，从某一个方面来说，这只狼犯了与袁绍同样的错误，那就是过于相信自己的实力和判断，不接受他人的意见，从而断送了自己的性命。假使它可以听从兔王的意见，至少可以悠闲地在岛上度过余生。而袁绍如果多些思考，虽不能统一天下，但继续称霸一方却大有可能。

其实，对于我们现在的生活来说，也是如此。无论做什么事情，我们首先要具备的就是开阔的视野，即要有长远的眼光，看问题时从全局大体出发，权衡利弊，这样才能做出正确的决定。其次还要清醒地认识到自己的短处，并善于听从不同的意见，只有这样，我们才可以扬长避短，从而得到进步。

[品读经典故事]……

赤壁之战

—— 典出《资治通鉴·第六十五卷》——

公元208年，曹操挥师南下，荆州牧刘琮不战而降，投靠荆州的刘备退守夏口。紧接着，曹操又写信给江东孙权，要和孙权决一死战。孙权经过和谋臣的商议，决定和刘备联合，共同抗曹。他任命周瑜、程普为左右都督，率三万精兵与刘备合力，迎战曹操。当时，曹操率领二十万大军从江陵出发，直逼夏口。孙刘联军五万人则逆流北上，双方在赤壁相遇。

曹操的士兵都是北方人，不习惯水战，再加上军中发生疫情，与孙刘联军初次交锋，就大败而归，只得退守到长江北岸。孙刘联军则驻扎在长江南岸。这时，周瑜的部将黄盖进言："如今敌众我寡，很难长期相持。现在曹军把战船系在一起，首尾相接，行动不便，我们可以采用火攻。"周瑜大喜，他派人准备了十艘战船，船上装满了干草枯柴，上面浇上油，外面裹上帷幕，另外准备了数艘快艇，系在船尾。然后，黄盖派人送信给曹操，假意投降。

当时东南风正急，黄盖率领十艘战船行驶在最前面，另有快艇紧紧跟在他的战船后面，然后扬起风帆直奔曹营。曹军听说黄盖前来投降，全部走出军营张望。距离曹军的战船还有大约二里远的时候，黄盖下令将十艘战船同时点燃，然后率军跳上快艇。着火的战船借着风势，箭一样冲向曹军的战船。一时间，火光冲天，曹军的战船全部陷入火海之中。火势继续蔓延，烧毁了曹军陆地上的营寨，曹军人马烧死、淹死的不计其数。孙刘联军乘机从水陆两路展开猛攻，曹军死伤大半。曹操狼狈突围，逃回北方。

[名师讲谈]……

赤壁之战是发生在一千八百年前的一场割据势力之间的战略会战。在这场会战中,孙刘联军以五万兵马大败曹操二十万大军,创造了中国战争史上以少胜多、以弱胜强的经典战例。而在这场战争中各种智慧谋略的综合运用,也一直为后世人所津津乐道。

孟子曾经说过:"天时不如地利,地利不如人和。"可见"人"的因素在战争中占有重要的位置。纵观整场赤壁大战,孙刘联军正是巧妙地利用了各自的优点和曹军的弱点,对"人和"二字做了最好的诠释。

"和"的第一步是孙刘联盟。当时,刘备新败,退守在小小的夏口。孙权虽然久据江东,但终归是偏安一隅,实力有限。双方谁也没有能力单独对抗曹操的大军,要想不被吞并,联盟是唯一的出路。熟知这段历史的人都知道,孙刘联盟其实经历了一个非常曲折的过程。"诸葛亮舌战群儒,鲁子敬力排众议",作为《三国演义》中的精彩篇章,至今仍为许多人口口相传。最终,双方达成了合议,孙刘联盟正式成立。可以说,孙刘联盟的成立在整个赤壁之战中起着举足轻重的作用,它使双方初步具备了抗曹的实力。其实,在中国历史上,这

种弱弱联合共抗强敌的例子举不胜举，战国时期的"合纵"政策就是最好的证明。即使在当今世界，各种各样的联盟组织，从本质上说与当年的孙刘联盟也具有异曲同工之处。

而"和"的第二步则反映在联盟内部将帅的精诚合作上。长久以来，"周瑜打黄盖"这一典故被许多人所熟知。为了确保火烧战船的计划能够成功，孙刘联军决定使用诈降计，而为了保证诈降能被曹操相信，周瑜和黄盖先演出了这场苦肉计。事实证明，计策非常成功，曹军满怀希望，等待黄盖来降。没想到，等来的却是一把改变了历史进程的大火，在这场大火中，曹操的二十万大军几乎全军覆没。经此一战，曹操不复有南下的力量，孙权的统治得到了进一步的巩固，刘备则乘机壮大自己的实力，天下三分的大幕由此拉开。

如今，这场战役已经过去了将近两千年，但作为中国历史上综合运用各种谋略从而一举获胜的经典战例，赤壁之战将永载史册。

[闲话人生] ……

瓶子里的魔鬼　一个年轻的渔夫在捕鱼时捞上来一个古瓶。他打开瓶盖，从里面钻出来一个魔鬼。魔鬼狞笑着对渔夫说："你把我放出来，我本应感谢你。可我已经许了恶愿，谁救我，我就吃掉谁！"渔夫并不惊慌，说："这么个小瓶子能盛得下你？我不信，除非你钻回去给我看看。"魔鬼听了哈哈大笑："我不会上当的！天方夜谭早就讲过这个故事了！"渔夫愣了一下，说："没想到你这么博学！"

"我在瓶子里待了五百年，熟读天下的经典著作，什么没见过？"魔鬼撇着嘴说。

"别说大话了,《红楼梦》的手抄本你一定没见过!"渔夫说。

"你太小看我了!手抄本就在我那儿!现在我就让你开开眼!"魔鬼说着,化作一股浓烟钻进了瓶子。渔夫飞快地盖上瓶盖,把瓶子扔回了大海。

[心灵捕手] ……

综合运用你的智慧

《渔夫和魔鬼》的故事或许我们已经听了好多遍。可读完以后,我们发现这并不是我们认为的那篇。这也说明了一个道理:很多时候,我们觉得问题难以解决,是因为我们已经习惯将自己的思维固定在一个模式上,不知变通,更别说利用自己的优势和对手的弱点多方面考虑去战胜对手了。

其实,如果我们仔细分析渔夫的计谋,会发现非常简单。魔鬼刚出来的时候,他凭借本能的反应,借鉴前人的智慧,一旦发现这招行不通,立刻改变谋略:先肯定魔鬼的博学,使他迷惑从而失去防备。这一点反应在主题中,就是"诈降"。然后,渔夫再抛出"杀手锏",一举制胜,也就是"纵火"。

事实上,很多时候我们面对的问题都非常复杂,不是某一种方法就可以解决的。所以,我们一定要充分调动自己的思维,综合考虑各方面的因素,多种方法并用。或许,我们会发现,问题已经迎刃而解了。

[品读经典故事]……

夷陵之战

——— 典出《资治通鉴·第六十九卷》———

公元219年，蜀汉大将关羽为孙权所杀。刘备为了替关羽报仇，决定亲自领兵大举伐吴。孙权闻讯，任命镇西将军陆逊为大都督，率五万精兵迎战刘备。公元222年，刘备从秭归出兵，沿长江南岸翻山越岭向东吴进发。东吴将领纷纷请求出战，谁知陆逊却拒不出兵。他告诉将士们："刘备率军东下，锐气正盛，而且凭借高山，坚守要塞，如果我军冒昧进攻很难取胜。目前，我们应先多方采纳和实施破敌的策略，等待形势的变化。现在蜀军正沿着山岭行军，被草木山石所牵制，兵力无法展开，等他们筋疲力尽时，我们再伺机进攻不迟。"

这时，蜀军自巫峡直到夷陵附近，修建了数十座营寨。为了速战速决，刘备三番两次向吴军挑战，但陆逊就是坚守不出，就这样，双方相持了有大半年。直到这一年六月，陆逊才下令发动进攻。这时，他手下的将领又进言道："进攻应该在蜀军还没站稳脚跟的时候进行，现在他们已经深入我国五六百里，各个要害都有重兵固守，进攻一定没有好处。"陆逊说："刘备经验丰富，蜀军刚集结时，他思虑一定很周详，我们那时进攻肯定会遭到强硬的抵抗。如今蜀军已经驻扎了很长时间，却仍然找不到我军的漏洞。将士疲惫，军心沮丧，正是进攻的好时候。"于是，陆逊命令士兵手持茅草，顺风放火，冲入蜀军大营。顿时，蜀军大乱，四十余座大营被焚毁，死伤数万，车、船和其他军用物资丧失殆尽。刘备乘夜突围，逃回白帝城。

[名师讲谈]……

夷陵之战作为三国时期著名的三大战役之一，长久以来一直被视为中国战争史上由防御转入反攻并最终取得胜利的成功战例。经此一战，陆逊威名大震，跻身中国名将行列，三国鼎立的局面也正式形成。纵观此次战役，吴军之所以取胜，关键就在于巧妙地运用了"后发制人"这一战术。所谓后发制人，指的是战争发生时，己方首先按兵不动，专等对方挑起战争，然后再依据具体情况采取相应的军事行动，争取战争的胜利。

我们看这场战争，刚一开始，刘备为报大仇，来势汹汹，如果这个时候与他硬碰，就如陆逊所说，即使取得胜利，也必定伤亡惨重。所以，无论部下怎么抗议甚至反对，陆逊就是按兵不动，借此来消磨蜀军的锐气。这也正契合了《孙子兵法》中所说："善用兵者，避其锐气，击其惰归，此治气者也。"而一旦制住了敌人的"气"，再寻求他的弱点加以进攻就容易多了。所以，等到蜀军兵疲意阻、欲战不能，尽将营寨"移于山林茂盛之地"的时候，陆逊的反击开始了。他利用蜀军战线绵延数百里，首尾难以相顾，又扎营于山林，行动不便

之机，突然发起反攻，火烧蜀军连营七百余里，创造了中国战争史上的奇迹。

其实，关于"后发制人"的战术，中国古代许多军事家都曾经详细论证过。春秋时期著名军事家范蠡就曾经说："后则用阴，先则用阳。尽敌阳节，盈吾阴节而夺之，此兵家阴阳之妙也。"也就是说，在战争中，如果实力明显处于强势，讲究先发制人。而在双方实力相当或己方明显处于劣势的情况下，则讲究后发制人。后发制人虽然不像先发制人那这样占有先机，却可以充分利用敌方的弱点予以反击。其关键就是善于根据战场态势的变化及敌我双方的情况灵活变通，制定出合适的战略方针。

如今，夷陵之战已经过去了将近两千年，但"后发制人"这一战略却衍化出更多的内涵，被不断地运用到政治、外交、商业、辩论、人际关系等各个方面，继续发挥着它巨大的功效。

[闲话人生] ……

狮猫斗大鼠 从前，王宫里不知从哪儿来了一只老鼠，大小和猫差不多，非常厉害，国王派人找来的猫都被大老鼠吃掉了。为此，国王非常着急。

这时，一个外国使臣献上了一只狮猫。人们把狮猫放进有老鼠的屋子，然后躲到窗外观看。只见老鼠一看到狮猫，立即恶狠狠地扑过去。可狮猫并没有迎战，而是跳上桌子，躲开了。老鼠见了，也跟着跳上桌子，可狮猫又跳了下来。就这样，老鼠追着狮猫在桌子与地面之间跳过来跳过去，大家都以为狮猫怕了。可没过多久，人们发现老鼠的动作慢了下来,蹲在地上直喘粗气。这时,狮猫突然跳起来,一把抓住了老鼠头顶上的毛,张嘴咬住了老鼠的脖子。老鼠拼命挣扎了一会儿,就不动了。

[心灵捕手]……

选准时机,一举制胜

看完这个故事,我们会惊奇地发现,狮猫运用的方式竟然也是后发制人!它先不停地给对手制造麻烦,却不与对手正面冲突,让对手有力使不上,空耗体力,最后一举制胜。从这个意义上说,后发制人更是一种心理战术,目的就在于挫损对手的锐气,同时尽量保存自己的实力,等待时机一举制胜。

其实,纵观整个夷陵之战,陆逊也是巧妙地利用了这一点,与蜀军打长期的持久战,耗尽了蜀军的士气和精神,再予以反攻。

生活中,我们也会遇到各种各样的挑战。有的时候,对手可能很强大,这时,我们不妨也试试"后发制人"的招数,"以静制动,以不变应万变。"不过,我们一定要记住,作为一种谋略,后发制人的行动必须是有目的性的,是完全在自己的掌握之中的。因此,在"制"之前,我们必须抓紧时间增强自己的实力。否则,后发制人往往就会变成拖延的借口,从而使你丧失斗志。

[品读经典故事]

司马懿装病

—— 典出《资治通鉴·第七十五卷》 ——

公元239年，魏明帝去世，即位的少帝曹芳只有八岁，军政大权都掌握在大将军曹爽的手里。为了排除异己，曹爽决心除掉最大的障碍——太傅司马懿。司马懿早就知道曹爽的居心，于是装病，拒不上朝。为了探听司马懿是否真的有病，曹爽命他的心腹李胜借调任辞行为名前去查探。

李胜来到司马懿家中，司马懿让两个婢女搀扶着自己出来接见李胜。李胜发现，司马懿连衣服都拿不住了，喝粥的时候，粥全顺着嘴角流下来，一副病入膏肓的样子。李胜回去后向曹爽禀报，说司马懿已经不足为虑了。因此，曹爽便放松了对司马懿的戒备。

公元249年，少帝去城外的高平陵祭祖，曹爽等人都随同前去。这时，留在城里的司马懿趁机发动兵变，夺取了魏国的大权。

[名师讲谈]

在中国传统的处世哲学中，韬光养晦一直被看做是一种自我保全的智慧。简单地说，"韬光"就是隐藏自己的锋芒，"养晦"则是使自己处于一个相对不显眼的位置，而司马懿无疑是将这一智慧运用得炉火纯青的人物之一。

司马懿所处的时代是三国末期，当时的情况对司马懿来说非常不利。军政大权完全掌握在大将军曹爽的手里，而司马懿这个名义上的太傅从某种程度上说只是一个摆设，无兵无权，别说谋求大业，就是保全性命都难上加难。面对这种局面，司马懿选择了"韬光养晦"，收敛起所有的锋芒，隐忍不发。正是因为早就有了这样的安排，所以，李胜见到的只是一个年老多病、思绪迷乱甚至又聋又哑的老头儿。也正是因为如此，司马懿不但保全了性命，而且为自己取得了反攻的机会。发生在公元249年的高平陵事变，可以说是司马懿"韬光养晦"最直接的利益反映，自此之后，朝廷大权尽归司马懿。不但如此，此举也奠定了西晋王朝的基业，三十年后，三国全部归晋。

其实，在中国历史上，这样的例子非常多：勾践卧薪尝胆、韩信受胯下之辱、刘备三让徐州……他们这样做，只有一个目的：等待时机，一举冲天。

[闲话人生]

谦卑 苏格拉底的一位学生正趾高气扬地向同学们炫耀家财，说他家在雅典拥有一望无边的土地。这时，苏格拉底拿出一张地图，对他说："请你指出亚细亚在哪里。""这一大片全是。"这个学生指着

地图回答。"很好！那么，希腊在哪里？"苏格拉底又问。这个学生好不容易在地图上将希腊找出来。"雅典在哪儿？"苏格拉底接着问。"雅典？好像是在这儿。"这个学生指着地图上的一个小点迟疑地说。最后，苏格拉底看着他说："请你再指给我看看，你家那块一望无边的土地在哪里？"这个学生急得满头大汗，可他家里那块土地在地图上却连个影子都没有。

[心灵捕手]……

韬光养晦，谦卑做人

读完这个故事，你可能会问：司马懿的做法是韬光养晦，可这个学生却是大肆炫耀，这和"韬光养晦"有什么必然的联系吗？当然有。其实，韬光养晦还有另外一个意思，就是谦卑，就是甘愿让自己处在次要的位置。

我们身处在社会中，必须与各种各样的人沟通、交流、合作。这个时候，就需要我们收敛起自己的锋芒，掌握好与人交往的分寸。从这个方面讲，韬光养晦不但是一种智慧谋略，更是一种美德。一个谦卑的人，一个懂得礼让的人，最后一定会赢得大家的尊重。反过来，如果一个人太骄傲，太锋芒毕露，他就很可能无法接纳他人的意见，从而失去他人的支持与拥护。中国有句古话："木秀于林，风必摧之；堆高于岸，流必湍之"，就是告诉我们，无论你多么出色，如果清高孤傲、一意孤行，很可能会遭遇到毁灭性的打击。所以，适当的时候，请收起你的高傲，学会谦卑做人。

[品读经典故事]……

孝文帝迁都

—— 典出《资治通鉴·第一百三十八卷》——

　　北魏是南北朝时期鲜卑族拓跋氏在北方建立的政权。公元493年，北魏孝文帝因为都城平城（今山西大同）气候寒冷，六月还在下雪，并且经常狂风大作，风沙漫天，决定迁都洛阳。但他又担心群臣反对，于是定下了一个计策。

　　这一天，孝文帝让太常卿王谌卜卦，然后借口顺应卦象，要大举伐齐。听了这话，大臣们纷纷反对，其中最激烈的是任城王拓跋澄。他据理力争，向孝文帝陈述伐齐的种种弊端。孝文帝听后大怒，训斥了拓跋澄一番，宣布退朝了。回到内宫，孝文帝立刻命人召来拓跋澄，对他说："刚才我之所以大发脾气，是因为担心大伙儿争先发言，破坏了我的大计，但我想你会明白我的用心。我们国家是在北方建立起来的，后来才迁居平城。但平城只是用武之地，不适宜推行政治教化。所以，我说南下伐齐，实际上是想借此机会将都城迁到中原。"听了孝文帝的话，拓跋澄恍然大悟，表示赞同这个主张。这年七月，孝文帝发布公文，宣布南下伐齐。九月，孝文帝一行抵达洛阳。这期间，天一直下雨，但孝文帝仍旧命令大军继续前进。大臣们本来就反对南伐，于是趁着大雨又来阻拦。孝文帝说："我们这次兴师动众，如果半途而废，岂不让后人耻笑？如果不能前行，就应该把国都迁到这里，你们认为怎么样？"大臣们虽不愿迁都，但更不愿南伐，于是便同意了迁都的计划。

　　第二年十月，孝文帝安置好旧都事宜，然后迁都洛阳。

[名师讲谈]……

北魏孝文帝迁都在中国历史上可谓是浓墨重彩的一笔,它使北方各游牧民族迅速融入中华文明之中,为以后的隋唐盛世打下了基础。可迁都的过程并不是一帆风顺。当时,北魏王朝经过将近百年、几代帝王的建设,人民生活比较安稳。孝文帝深知:"北人恋本,忽闻将移,不能不惊扰。"迁都势必会引起内部势力的极力反对。因此,孝文帝才定下了这一"外示南征,意在谋迁"的计谋。

根据史料记载,为了实施这一计谋,孝文帝可谓煞费苦心。他先借占卜表明南征的意图,然后又假借和任城王争吵堵住了众大臣的上谏之路,紧接着晓之以理说服任城王,最后才敲定南征的计划,而这只不过是迁都的一步棋子而已。据记载,北魏的南征大军到达洛阳时,孝文帝特意带领大臣们参观了西晋宫殿的遗址,并朗诵起《诗经》中的《黍离》:"彼黍离离,彼稷之苗。行迈靡靡,中心摇摇……彼黍离离,彼稷之穗。行迈靡靡,中心如醉……彼黍离离,彼稷之实。行迈靡靡,中心如噎。"朗诵到这儿,孝文帝气息哽咽,一副心酸难受的样子。当时,正是秋雨绵绵的季节,整个洛阳城笼罩在一片愁云之中。同行的大臣们对当年魏太武帝南征大败而回的情景还记忆犹新,他们担心此次南征还是劳民伤财,一无所获,因此纷纷下跪,请求孝文帝停止南征。这样一来,正好中了孝文帝的计,他假意考虑一番,告诉众大臣不能无功而返,若不南征便要迁都。无奈之下,大臣们只好同意了迁都。

兵法有云:"夺其所爱,则听矣。"意思是说,对抗之时,先抓住对方的要害之处,这样,对手就会被迫听任自己的摆布。孝文帝正是紧紧地抓住了群臣畏惧、厌烦战争这一弱点,巧妙地用南征做自己的筹码,与他们讨价还价,使他们听从自己的主张,从而实现了迁都的意愿。

[闲话人生]……

怎样把鸡关进笼子　自从布劳斯太太搬到汤姆家的隔壁,汤姆家花园里的花草便遭了殃。因为随着布劳斯太太一起来的还有一群鸡,它们经常旁若无人地钻进汤姆家的花园,践踏花草。为此,汤姆和布劳斯太太说了好几次,请她做个鸡笼,把鸡关进去。布劳斯太太总是说,等她的丈夫一有时间就会亲自做一个鸡笼。可一个月过去了,布劳斯太太的鸡笼还没有做好,为此,汤姆非常苦恼。

这一天,汤姆突然发现布劳斯太太居然把鸡笼做好了。他高兴极了,对妻子安娜说:"感谢上帝,终于让布劳斯太太的丈夫有了时间。"安娜看了看汤姆,说:"不,不是上帝给了他时间,而是我让他做的鸡笼。"

"你怎么做到的?"汤姆惊讶地问。

"很简单,我每天早上都会在咱们的花园里放上几个从市场买回来的鸡蛋,然后又当着布劳斯太太的面将鸡蛋捡回来。这不,没过几天,她的鸡笼就做好了。"安娜笑着说。

[**心灵捕手**] ······

找到对方的软肋

《孙子兵法》中有这样一句话:"故善战者,致人而不致于人。"意思是说,善于指挥作战的人,总是能够把握战争的主动权,从而使对手处于左右为难的境地,直接或间接地听从自己的指挥调遣。那么,怎样做到这一点呢?从对手最在意的地方下手并一击而中,便是一个有效的办法。就像孝文帝,他正是认准了大臣们无论如何也不愿南征,才假借南征之名,以行迁都之实。事实证明,他成功了。同样,安娜也是巧妙地利用了几个买回来的鸡蛋,迷惑了布劳斯太太,从而达到了自己的目的。

其实,在生活中,很多时候我们都会遇到同样的难题。比如,你费尽心思想要说服对方,但对方反倒比你还坚持。这个时候,你不妨试试这个计策,找到对方的软肋,从对方最关心的利益出发,因势利导,用迂回的战术达到自己的目的。

[品读经典故事]……

李愬雪夜入蔡州

—— 典出《资治通鉴·第二百三十九~二百四十卷》——

公元814年，彰义节度使吴少阳去世，他的儿子吴元济自领军务，占据蔡、申、光三州，起兵反抗朝廷。唐宪宗曾多次派人讨伐，但均未取胜。816年，朝廷任命太子詹事李愬为唐、随、邓三州节度使，讨伐吴元济。因为在和吴元济的战斗中吃了许多败仗，唐州等地的士兵们都非常害怕作战。所以，李愬到达唐州后，只是先到各地抚慰士兵，决口不提打仗的事。不过在暗地里，他却一直筹划突袭蔡州。

817年十月十五日，大雪纷飞，李愬亲率九千兵马，从驻地出发向东行进，但他并没有告诉士兵们要去干什么。部队走了六十里，来到张柴村，将驻守此地的吴元济的兵马全部杀死。稍事休息后，李愬又命令士兵继续向蔡州进发。将士们这才知道，此次行动的目的是去捉拿吴元济。

此时，雪越下越大，狂风怒吼，经过一夜急行军，第二天凌晨，李愬率军来到了蔡州城下。自从吴少阳统领蔡州，朝廷的军队已经三十年没来过这里了。因此，城里的守卫一点儿防备也没有。李愬命令士兵用锄头在城墙上挖出一些小坑，然后踩着这些小坑爬进城里。守城的士兵正在熟睡，糊里糊涂就做了刀下之鬼。唐军攻入吴元济的外衙时，吴元济还躺在床上睡觉。守衙的士兵向他报告，吴元济却以为是一些驻守外围的士兵来向自己索要冬衣。直到听到院子里的喊声，他才清醒过来，慌忙组织部将抵抗。可此刻，李愬的大军已将他重重包围，吴元济只好举手投降。随后，他手下的将领以及两万多名士兵也相继降唐，淮西之乱终于得以平息。

《资治通鉴》中的大智慧

[**名师讲谈**] ……

作为中国战争历史上"出奇制胜"的典型战例,"李愬雪夜突袭蔡州"一直为后人津津乐道,李愬也凭此一战跻身于中国古代名将的行列。

纵观这场战役,其高超之处就在于一个"奇"字。《孙子兵法》中有这样一句话:"凡战者,以正合,以奇胜。故善出奇者,无穷如天地,不竭如江河。"意思是说,在战争中,军事力量的运用不过是"奇""正"两种,但"奇""正"的组合变化,却无穷无尽。

"雪夜袭蔡州"一战,正是巧妙地运用了"奇""正"之术。其实,在突袭蔡州之前,唐军和吴元济的军队有过几次交锋。一次是在朗山之战中,唐军大败,但当时李愬一点儿也没有恐慌或是忧虑。另一次是在吴房之战中,当时唐军长驱直入,一直打到吴房的外城,眼看破城在即,李愬却命令收兵。对于这两次战役,将士们都迷惑不解。突袭蔡州成功之后,有将士就这两场战役问李愬:"将军在取蔡州之前,败于朗山而不忧,胜于吴房而不取,这次又冒着风雪进攻蔡

州,孤军深入,最终却取得了胜利,到底是什么原因呢?"

李愬笑着对将士们说:"攻打朗山,是为了让对方认为我们根本不行,对我们放松防范;不取吴房,是因为吴房守军本就不严,很容易攻破。但如果我们夺取了吴房,敌军必然外逃,前往蔡州集中力量防守。那样,敌军就会知晓我们的实力,今天想攻取蔡州就没那么容易了。选择风雪之日攻打蔡州,是因为此时敌军守备必定松懈,烽火不能相传,可以切断敌军与其盟军的联系。孤军深入则将士必将拼死一战,才能获得生机。这并不是让大家去送死,而是看到远处就不能顾及到近处,考虑到大的方面就不能计较小的得失,这样方能成功。"听了李愬的解释,将士们无不佩服。其实,李愬的这番话,正是对用兵中的"奇"字做得最恰当的诠释。

如今,"雪夜袭蔡州"一战已经过去了将近一千两百年,但正如《新唐书》所言:"(李愬)功名之奇,近世所未有。"的确,李愬雪夜袭蔡州,用兵之神,令人称奇,正所谓"和雪翻营一夜行,神旗冻定马无声。遥看火号连营赤,知是先锋已上城"。

[闲话人生] ……

出奇制胜 一家著名的大型超市曾经做出过一个令人疑惑不解的决定——货架上,尿布和啤酒竟然摆在一起,这在所有的超市里都是不曾有过的。但这个完全不合常理的举措却没有影响这两种商品的销售。相反,尿布和啤酒的销量双双增加了。

这不是一个笑话,而是发生在美国沃尔玛连锁超市的真实事件,并且至今还为众多国家的商家所津津乐道。原来,美国的太太经常嘱咐她们的丈夫下班后去超市为孩子买尿布，而丈夫们购物时总是行色匆匆，不可能仔仔细细地在商场里逛上一圈。如果尿布同啤酒摆放在一块儿，那么，男士们在买完尿布以后，就可以顺手带回自己爱喝的啤酒了。有了这样的购物经历，他们当然会经常光顾沃尔玛了。

[心灵捕手]……

出其不意，攻其无备

明代著名军事谋略家刘伯温在《百战奇略·奇战》中说过："所谓奇者，攻其无备，出其不意也。"意思是说，凡是作战，所谓奇，就是让敌人意料不到和无法防备。从李愬的用兵上我们可以看出，以奇制敌是取胜的关键。同样，沃尔玛将尿布和啤酒放在一起出售，从本质上说，也是一次"奇谋"，即出其不意，获得商机。

其实，不单单是兵战或是商战，在生活中，"出其不意，攻其无备"的运用，往往也会达到意想不到的效果。比如在学习中，如果遇到一些难题，我们完全可以从另一个角度出发，化正面解答为反面例证，或是采用逆向推理等，也就是我们平时所说的"反其道而行之"。不过，在运用"出奇制胜"这一谋略时，我们必须知道，"奇"虽然是一种全新的创造与运用，但从本质上说，它必须符合实际情况，要有根有据，简而言之就是要"知己知彼"，否则就有可能失去基础，走入绝境。

为人处世

……的人生多一些淡定从容……

- 大千世界，纷繁复杂，如何游刃有余地徜徉其中，是一种更高层次的智慧。而我们的祖先早已将这种智慧发挥得淋漓尽致。随手翻开任何一部史书，行走坐立、言行动态、真善伪恶，全在其中。

- 赵武灵王胡服骑射，打破人类思维定式，自此以后，与时俱进的思想在中华大地生根发芽，至今仍是我们前进的动力与标尺；张骞通西域，架起一道沟通东西方文化的桥梁，"丝绸之路"将古老的中华文明传向四面八方；为请诸葛亮出山，刘备亲自拜访了三次，并最终用诚意打动了诸葛亮；军政大权旁落时，司马懿收敛起所有锋芒，隐忍不发，不但保全了自己的性命，而且为自己取得了反攻的机会。可见，在适当的时候韬光养晦不失为明智之举……

- 本章所选的故事，凝聚着无数古人在生活与实践中提炼出来的处世哲学。有了它们，在人生的旅途中，我们就会多一些从容淡定，少一些惋惜遗憾。

[品读经典故事]……

胡服骑射

—— 典出《资治通鉴·第三卷》——

赵武灵王是战国时期赵国国君。他看到北方胡人身穿窄袖短袄，生活起居、作战狩猎都非常方便，打仗时用骑兵、弓箭，也具有很大的灵活性。于是，赵武灵王决定让赵国的百姓也改穿胡人装束，并且学习骑射，以提高军队的战斗力。不料，这个决定却遭到了士大夫的强烈反对，赵武灵王的叔叔公子成干脆装病，不去上朝，以示抗争。赵武灵王派使者去说服公子成，公子成对使者说："我听说所谓的中国，是圣贤实施教化的地方，礼乐盛行，是蛮夷外族效仿的对象。如今，大王舍弃这些优良传统，改变古人的常规，这是违背人民的意愿，还请大王三思啊！"

使者回去后，把这些话告诉了赵武灵王。于是，赵武灵王亲自去见公子成，他对公子成说："我国东方有齐国、中山，北方有燕国和东胡，西面与楼烦和秦、韩二国的边界相接。如果没有骑射的本领，如何能够防守得好呢？以前，中山凭借齐国的支持，屡屡侵扰我国的土地，掠夺我们的百姓。如今，我改变服饰、练习骑射，为的就是防御四境的兵祸，洗雪中山的耻辱。可您为了顺应传统习俗，却忘了被侵的耻辱，这实在不是我所希望的啊！"

听了赵武灵王的这番话，公子成终于同意了改服。第二天，他便穿着赵武灵王赐予的胡服去上朝了。大臣们见公子成不再反对，也纷纷接受了胡服骑射的主张。于是，赵武灵王正式颁布命令，在全国范围内推行"胡服骑射"。

[**名师讲谈**] ……

　　作为中国历史上一次伟大的军事变革,"胡服骑射"无论是对当时还是后世,都产生了极为广泛的影响。首先,它使赵国的实力大大增强。据史料记载,赵武灵王即位时,赵国国势衰微,经常受到周边国家的侵扰。而"胡服骑射"之后,赵国"灭中山""平三胡",军事实力直追当时"七雄"中最强的秦国,甚至出现了"秦之畏害天下者莫如赵"的局面。其次,这次改革使得骑兵这一新的兵种取代了以前笨重的车兵,中国古代的战争形式从此发生了根本性的变化。最主要的是,这一改革使人们的心理状态和思维方式都发生了明显的变化,改变了传统的"先王之道不可变"的思想。从某种意义上说,它缩短了汉族和其他少数民族心理上的差距,为以后的民族大融合奠定了基础。而作为这次改革的领导者,赵武灵王敢于突破常规、抛弃迂腐陈旧的世俗观念的行为无疑值得后人学习和称颂。近代著名思想家梁启超甚至发出了"武灵王者,赵之大彼得也"的慨叹,称赵武灵王是中国历史上"黄帝以后第一伟人"。

纵观中国历史，"华夏优于夷狄"的观念一直都存在，并且根深蒂固。公子成等人的反对很有代表性："中国者，盖聪明徇智之所居也，万物财用之所聚也……"中国的一切都是世界上最好的。这个时候，你赵武灵王却要穿蛮夷的胡服，学习蛮夷的骑射，岂非江河倒流、乾坤颠倒？然而，很多时候，历史就是在这样的反对声中前进的。古往今来，像赵武灵王那样，敢于抛弃迂腐陈旧的世俗观念、学习他人先进思想的例子比比皆是。

清末著名思想家魏源在他的《海国图志》中就曾提出过这样的主张——师夷之长技以制夷，意思是说，要学习西方资本主义国家在军事上的长处，然后再用这些长处去抵制资本主义国家的侵略。而在当时，中国古老的国门刚刚被打开，人们满脑子装的都是传统的"天朝上国，华尊夷卑"的思想，因此，魏源的想法一经提出，便在社会上引起了轩然大波，反对声此起彼伏。但后世的事实证明，这一主张正确无比。

如今，胡服骑射的故事已经过去了两千多年，但赵武灵王"循法之功，不足以高世；法古之学，不足以制今"的思想却依旧影响并警示着我们：突破旧有传统，打破思维定式，与时俱进，提高自我。

[闲话人生]……

习惯　一根小小的柱子，一条细细的链子，就能拴得住一头千斤重的大象，这是不是很荒谬？可是，这种荒谬的场景在印度和泰国却随处可见。那些驯象人在大象还小的时候，就用一根铁链将它们绑在水泥柱或是钢柱上，无论小象怎么挣扎，都无法挣脱。于是，小象就渐渐习惯了不挣扎，直到它们长成大象。这个时候，即使驯象人将链子换成一条细细的麻绳，那些大象也照样服服帖帖。

同样，驯虎人也曾经像驯象人一样成功。他让老虎从小就吃素，直到长大，老虎也不知肉味，自然也不会伤人。可有一次，驯虎人摔倒之后，让老虎舔干净他流在地上的血，从此，老虎一舔不可收拾，终于将驯虎人吃掉了。

[心灵捕手]……

不要被某些习惯束缚

大象被绑住了，绑住它的不是绳子，是习惯。驯虎人死了，导致他死亡的也是习惯，因为他已经习惯了老虎不吃人。生活中，我们也会有很多的习惯，它们的养成就好像纺纱，开始的时候只是一条细细的丝线，随着我们不断地重复相同的行为，习惯慢慢变成一条粗绳子，把我们的思想缠得紧紧的。同样，大臣们之所以不同意赵武灵王的改革，也是由于他们每个人的身上都缠着这样一条绳子。因为千百年来，他们已经习惯了"先王之道不可变，祖宗之训不可违"。

荷兰著名诗人艾门斯曾经说过："习惯若不是最好的仆人，便是最差的主人。"如果我们发现，习惯已经成为自己的主人，也就是说，我们已经被自己的习惯所束缚，这个时候，我们就应该考虑丢掉这些习惯，主动去尝试其他的方法。只有这样，我们才能突破固有模式的束缚，才能有所创新，从而使自己达到一个新的高度。

[品读经典故事]……

将相和

—— 典出《资治通鉴·第四卷》——

公元前279年,赵惠文王因为蔺相如在"完璧归赵"和"渑池之会"两件事上立了大功,便封他做了上卿,官位在大将军廉颇之上,廉颇为此感到愤愤不平。他说:"我作为赵国的将军,攻城略地、征战沙场,为赵国立下了汗马功劳。而蔺相如原本是低贱之人,如今靠着能言善辩,地位居然在我之上,实在让我感到羞耻!如果让我见到他,必定要当面羞辱他!"

蔺相如听说此事,便不肯再与廉颇相会。每到上朝的时候,他也借口有病,不想和廉颇争列位置的高下。而每次出门,只要远远地看到廉颇的车子,蔺相如就会命令自己的车夫绕道而行,躲开廉颇。为此,蔺相如的门客都感到非常羞耻,私底下经常抱怨。蔺相如听说后,便问他们:"你们认为廉将军和秦王相比,谁更威严?"门客们回答:"廉将军当然比不上秦王了。"蔺相如说:"像秦王那样威严,我都敢在朝堂上大声呵斥他,侮辱他的群臣。我虽然不才,难道单单畏惧廉将军吗?只是我考虑到,秦国之所以不敢出兵攻打赵国,就是因为赵国有我和廉将军两个人在啊!假如我们两虎相争,势必不能全活,那时,秦国就有可乘之机了。所以,我这么做,是以国家的安危为重,而将个人的私怨放在后面。"

后来,这番话传到了廉颇的耳朵里,廉颇觉得非常惭愧。于是,他袒胸露臂,背着带刺的荆条,亲自到蔺相如的府上请罪。从此两个人结为了生死之交。

[**名师讲谈**] ……

《将相和》的故事最早出自司马迁的《史记·廉颇蔺相如列传》。在这个故事里,我们既可以看到蔺相如恢弘大度的胸怀,也认识了廉颇知错就改、坦荡直率的性格。他们用自己的言行为赵国带来了稳定,也为后人留下了一段千古佳话。

两千多年以来,将相和的故事被后人用各种各样的形式加以表现和演绎,并且经久不衰。究其原因,除了廉颇、蔺相如博大的心胸和高尚的人格情操以外,更主要的是因为他们身上体现的那种"先国家之急而后私仇"的情怀,用现在的话说,就是"国家的利益高于一切"。正是因为内心深处怀有对国家的这种真挚的热爱,才使两个出身、性格完全不同的人结成"刎颈之交",生死与共。从此以后,将相和的故事传为美谈,引起了无数人的敬仰与效仿。

东汉初年,大将军贾复的部下在颍川无故杀人,被颍川太守寇恂问斩。当时,由于法治混乱,对于军人犯法大多姑息,因此,贾复

认为寇恂杀死自己的部将是有意和自己作对。不久，贾复受命开赴洛阳，正好要路过颍川，贾复便放言一定要找寇恂讨个公道。听到这个消息，寇恂便躲起来不与贾复相见。他的部下见此情景，非常不理解。寇恂便以廉颇和蔺相如的故事来劝导部下，并命令部下准备好酒肉慰劳贾复的军队。贾复见闻寇恂的举动，便不好再找寇恂的麻烦。后来，光武帝得知此事，亲自为他们和解，两个人冰释前嫌，尽心尽力共辅朝政，也为后人留下了一段佳话。

孔子曰："君子和而不同，小人同而不和。"这句话可以作为对"将相和"所做的最好的注解。纵观中国历史，这种"君子和而不同"的例子比比皆是。比如，二十世纪初，蔡元培任北大校长，新派旧派，兼容并蓄。无论是李大钊、陈独秀，还是王国维、辜鸿铭，只要你能够成就一家之言，都可以来到北大任教。也正是因为如此，中国的文化史才如此丰富多彩。

[闲话人生]……

一定要走出去 那是一场惨烈的战争，当詹姆斯爬起来的时候，周围几乎全是尸体，有盟军的，也有敌军的。詹姆斯胡乱包扎了一下受伤的右手，决定去找大部队。他抬头望了望，这是沙漠腹地，根本就没有路。这时，詹姆斯听到不远处传来一声呻吟，他警惕地抓起枪，对准那个身影。是的，那是一个敌军，他的双腿断了，此刻，他的枪口也静静地对着詹姆斯。良久，那个士兵放下枪："帮我一下，我会在沙漠里辨别方向，我们一定得走出去。"詹姆斯沉思了一会儿，也放下枪。然后，他走上去，扶起那个士兵。

沙漠里一片灰黄，到处都是灼烧的沙砾，他们已经走了三天，詹姆斯觉得自己好像被烤干了，却还看不到沙漠的边缘。"我不行了，你自己走吧。"那个士兵挣脱了詹姆斯的手。可马上，詹姆斯的手又挽起了他的胳膊："你答应过的，我们一定要出去。"说着，詹姆斯拖着那个士兵坚定地向前走去。两天后，他们终于看到了绿洲。

[心灵捕手]……

求同存异

有人说："二十一世纪是一个竞争的世界，人们将会在竞争中品尝成功与失败，咀嚼兴奋和失落。"这句话当然有它的道理。但不可否认，随着社会分工的越来越细，在很多情况下，单靠一个人的能力已经很难处理各种错综复杂的事情，这个时候，该如何调整自己的心态？"求同存异"或许是最好的选择，即既要坚持自己的原则，也要学会试着改变自己的态度，将原则与沟通和谐地统一起来。这一点，蔺相如和詹姆斯给我们做出了很好的榜样。结为"刎颈之交"，并不能说明蔺相如和廉颇之间就不存在任何差异。同样，故事中的两个士兵相携走出沙漠，出去之后还有可能在战场上面对。但当时，为了一个共同的目标，他们不约而同地选择了"同"，事实证明，这个选择正确至极。

在社会的发展中，智者总是追求和谐，为此而包容彼此之间的差异，这样才能够达到双赢的结果。希望，我们都是智者。

[品读经典故事]……

长平之战

——— 典出《资治通鉴·第五卷》———

公元前260年,秦国左庶长王龁奉命率兵攻打赵国,赵国老将廉颇驻守长平,迎战秦军。秦军强悍,赵军连吃几次败仗,于是,廉颇下令将士坚守壁垒,拒不出战。秦军见久攻不下,便派人到赵国实施反间计,宣称秦国唯一忌惮的就是马服君赵奢的儿子赵括,至于廉颇,根本不在话下。赵王果然中计,要派赵括代替廉颇。蔺相如极力劝阻:"赵括只会诵读兵书,而不知随机应变,怎么可以带兵打仗呢?"赵王不听,执意用赵括替下廉颇。

赵括从小就学习兵法,说起兵法夸夸其谈,辩论起来连父亲难不倒他,但赵奢却从不称赞他。赵括的母亲询问原因,赵奢说:"打仗是生死攸关的事,赵括却总是轻易地谈论它。假如赵国不派赵括当将军还好,如果由他领兵,将来使赵军败亡的一定是他了。"

秦王听说赵括已被任命为帅,暗中派武安君白起替下王龁。赵括到达前线后,完全改变了廉颇的作战方式,率军直攻秦军。白起假装战败逃走,暗中却派出两支骑兵从后面切断了赵军的后路。这样一来,赵军被一分为二,粮食补给也已中断,只好坚壁不出,等待救援。

秦王听说赵军断粮,亲自赶到河内,动员十五岁以上的男子全部赶往长平参战,切断赵国援军及粮食补给的通道。无奈之下,赵括只好主动出击。这时,白起下令反攻,赵括被射死,赵军四十万人投降后,除二百四十个年纪小的被放回外,其余的被全部坑杀。

[**名师讲谈**]……

作为战国时期规模最大、最惨烈的一场战争，长平之战一直被看做战国形势的转折点。自此一战，各诸侯国不再有对抗秦国的实力，一个史无前例的大一统帝国即将诞生。

战国后期，经过两次商鞅变法，秦国在列国中的优势日渐明显，开始了兼并六国的计划。范雎推行"远交近攻"战略以后，秦的兼并步伐大大加快，此次征伐赵国，更是倾全国之力。这个时候，赵国如果采取廉颇的计策，坚守不出，或许还不至于大败。错就错在，赵王中了秦国的反间计，决意换下廉颇。临阵换将，这本来就犯了兵家大忌，更何况，换上的还是只会纸上谈兵的赵括。

关于赵括其人，无论是《资治通鉴》还是《史记》，对他都有详细的描述。最突出的一点就是："夸夸其谈，自以为是。"谈论起兵法头头是道，却没有任何实战经验。著名军事家孙武在《孙子兵法》的开篇就写到："兵者，国之大事，死生之地，存亡之道，不可不察也。"可想而知，如果派一个只懂得军事理论却没有实际作战经验的

人去做统帅，会产生怎样严重的后果。果然，赵括一到前线，马上改变了廉颇的战略战术，命令大军全线出击，想与秦军展开正面交锋，企图一击而中。而这时，秦军的统帅已由王龁换成了素有"战神"之称的白起。白起到任后，针对赵括没有实战经验、求胜心切等弱点，采取了诱敌深入、分割包围而后予以聚歼的作战方针，对兵力做了周密细致的部署。终于，双方决战的时候到了，结果毫无悬念，赵括大败，随之受牵连的还有四十万赵国士兵。

诚然，长平之战中，赵军失败的原因并不仅仅是因为赵括，与赵国的决策失误及秦赵力量的对比都有密切关系。但不可否认，作为军中主帅，赵括空有其名却没有真才实学，是战败的主要原因之一。难怪大诗人李白曾这样慨叹："不因白起惯征战，只缘纸上把兵谈。"

[闲话人生]……

船王的儿子　有一位船长有一流的驾驶技术，渔民们都称他为"船王"。船王有一个儿子，对于自己唯一的孩子，船王给予了他非常高的期望。他希望儿子能像自己一样，掌握驾驶技术，成为下一任"船王"。为此，他一直非常细心地教导儿子。

转眼，船王的儿子成年了，于是，船王放心地让他一个人驾船出海。可这个孩子却在台风中死掉了，而那只不过是一场小小的台风。船王伤心极了，他不明白，这么多年，自己从没有离开过儿子半步，手把手地教他，告诉他如何对付海中的暗礁、如何识别台风的前兆、如何采取应急措施。可以说，他已经将自己所有的经验都传授给了儿子，儿子却为何在一次对于大多数渔民来说都微不足道的台风中丧生了。

[**心灵捕手**] ……

绝知此事要躬行

　　一个人能够被人们称为"船王",他的经验应该丰富至极,可这些丰富的经验却不足以帮自己的儿子抵挡一次小小的台风。同样,出身兵法世家的赵括从小饱览兵书,谈论起行军布阵头头是道,但在第一次作为主帅出征时就大败身亡。那么,他们失败的原因是什么?道理说起来非常简单:技术也好、经验也罢,都是别人的东西,如果没有经过自己的亲身实践,可能只有一个下场,那就是失败。

　　宋代大诗人陆游在《冬夜读书示子聿》一诗中写下过这样的句子:"纸上得来终觉浅,绝知此事要躬行。"意思是说,从书本上得来的知识终归是浅薄的,要想真正理解这些知识,必须亲自去实践。

　　同样,对于我们来说,学习书本中的知识很有必要,但如果只限于这一点却远远不够。我们必须学会将书本中的知识与实践相结合,才能使其转变为强大的力量,才能有效地指导我们的人生。

[品读经典故事]……

李斯谏逐客

——— 典出《资治通鉴·第六卷》———

公元前237年，秦国的宗室大臣纷纷向秦王进谏："各诸侯国到我国做官的人，都是为他们的国君做说客的，希望大王能将他们驱逐。"秦王认为这话很有道理，于是下令在全国大加搜捕，驱逐这些人出境。

客卿李斯是楚国人，也在被驱逐的行列。临行前，李斯向秦王上书说："昔日，穆公在戎地得到由余，在宛城得到百里奚，在宋国迎回蹇叔，从晋国求到丕豹、公孙支，正是靠这些人，穆公才得以称霸西戎。孝公推行商鞅的新法，至今仍国治兵强。惠王采用张仪的计谋，瓦解六国合纵之计，使他们都来臣事秦国。昭王得到范雎，致力于强化王室，遏制权贵。这四位君王，都是因为得到客卿的辅助而成就功业的。从这点来看，客卿有什么地方对不起秦国？美女、音乐、珍珠、玉石这些东西，不产于秦国而为您所用。可对待人才，您却不问他可不可用，也不管是非曲直，只要不是秦国的人就一律驱逐。如此看来，您是轻视人才了！我听说泰山不拒土壤，所以能成就其高大；江河不择细流，所以能成就其深；君王不抛弃百姓，所以能彰显其贤德，这就是三皇五帝天下无敌的原因。如今大王却抛弃百姓而让他们归顺敌国，驱逐宾客让他们为诸侯效力，这何异于将兵器借给敌人、把粮草送给强盗啊！"

秦王看完这份奏议后，立即召回李斯，恢复了他的官职，并废除了逐客的命令。后来，秦王又采用李斯的计谋，暗中派能言善辩之人到各国游说，离间他们的关系。这样，几年之内，秦国终于兼并了天下。

[**名师讲谈**] ……

　　《谏逐客书》是李斯写给秦始皇的一篇奏议。千百年来，它以其丰富的思想内容、巧妙的论证方法和鲜明的艺术风格屹立于古代政论散文之林，被人们争相传诵。不过，《谏逐客书》之所以名垂千古，除了上述原因，更主要的是因为它所传达出的那种虚怀若谷、兼收并蓄的精神。时至今天，这种精神仍然值得我们学习和借鉴。

　　其实，翻开中国历史，随处都可以发现这样一个道理：要想成就千秋功业，必须虚怀若谷，接纳各种人才，即所谓广开言路、虚心纳谏，不管地位尊卑高下、不计个人恩怨私仇，只要他具有某一方面的特长与天赋，就全都为己所用。正如李斯所言："王者不却众庶"。其实，不但是文中提到的秦穆公、秦孝公、秦惠王、秦昭王四人，包括后来的秦皇汉武、唐宗宋祖，他们之所以能统一天下，成就辉煌的帝业，都和他们能够重用贤才、罗致客卿有着密切的关系。

　　举个简单的例子，汉武帝时期，两位彪炳史册的大将——卫青和

霍去病。卫青是骑奴出身，霍去病任将军时也不过二十岁，但正是因为有了这两个人，汉室江山的北方才得以平定。同样，清朝康乾时期，满族皇室在行政方面采用满汉双任的制度，大量任用汉人为官，也是清初能够实现"康乾盛世"的原因之一。清末著名思想家龚自珍在他的《己亥杂诗》中曾写下过这样的诗句："我劝天公重抖擞，不拘一格降人才。"其实，即使天公降下各种人才，我们还要有"不拘一格用人才"的精神，才能成就事业。

"泰山不让土壤，故能成其大；河海不择细流，故能成其深。"这句话虽然简单，却意义深远。只有具有了这种海纳百川的精神，一个国家才能强盛，一个民族才能兴旺，一个人才能有所作为。

[闲话人生]……

世界上有两片海　巴勒斯坦有两片海。约旦河从山坡上流下，流入一片海，海水中鱼虾成群，海岸上绿意盎然。人们在海边建起房屋，鸟儿在树上筑起巢穴。由于这一片海，这里的每一种生命都充满欢乐，这是加里利海。

约旦河继续南流，那里有另外一片海，没有鱼儿游动，没有树影婆娑，没有小鸟唱歌，也没有儿童嬉戏。不论是人类还是飞禽走兽，谁都不愿在那儿停留，它的名字叫死海。

是什么原因让这两片邻近的海产生了天壤之别？差别只有一个。加里利海接受了约旦河的水，却不把河水留下，而是让它们流入更大的河流。死海则把得到的每一滴水都据为己有。加里利海懂得接受，又慷慨付出，所以活力四射。死海只会接受，却吝啬付出，最终死气沉沉。

[心灵捕手]……

付出和接受同等快乐

　　世界上有两片海，同样，世界上也有两种人。一种既懂得接纳，也乐于付出；另一种则把自己封闭起来，不肯奉献或是牺牲自己哪怕一点点的利益。那么，哪一种人才能在时代的大潮中游刃有余地徜徉？答案无需置疑。

　　或许，有人会说，那些帝王将相最多是接纳了不同的人才，可他们付出什么了？他们当然付出了，那就是对这些人才的信任与重用。正是因为如此，才成就了大汉雄风、大唐盛世。

　　作为社会中的一分子，我们无时无刻都要和不同的人打交道。其间，我们可能会遇到各种困难或难题，这个时候，我们就要学会接受，接受别人的帮助或支持，也就是说，我们必须具备那种"海纳百川"的精神。只有这样，我们才能摆脱困境，解开难题。同样，当别人遇到困难的时候，我们也要慷慨地付出我们的关心与援助，帮他们渡过难关。

　　不能接受别人是顽固不化，而只懂付出不会接受同样是走死胡同。只有当付出和接受相平衡，你的人生才会如加里利海那样，生机盎然、充满快乐。

[品读经典故事]……

刘邦入咸阳

—— 典出《资治通鉴·第九卷》——

公元前206年,沛公刘邦率军抵达霸上(今陕西省西安市东)。秦王子婴乘坐着白色的车子,颈上系着绳子,手捧封好的皇帝玉玺和符节,俯身站在道旁向刘邦投降。

众将领中有人主张杀掉子婴。刘邦说:"当初怀王之所以派我来,就是因为我能宽容他人,何况他现在已经投降了,再杀他是不吉利的。"于是,刘邦便将子婴交给属下监管起来。

随后,刘邦率军继续向西,进入咸阳。众将领都争先恐后地跑到秦朝的府库瓜分那里的金帛财物。唯有萧何先入宫取了秦朝的地理图册、文书、户籍簿等档案收藏起来,刘邦因此得以全面了解了天下的山川要塞、户口多少以及各地财力、物力的分布。

刘邦看到秦朝府库里各种奇珍异宝不计其数,便想留下来住在皇宫。大将樊哙劝谏道:"您是想拥有天下,还是只想做一个富翁呢?这些奢侈之物都是招致秦朝灭亡的原因,您要它们有什么用啊!希望您尽快离开这里,返回霸上。"但刘邦并没有听从樊哙的话。这时,谋士张良也劝谏说:"正是因为秦暴虐无道,您才能来到这里。为天下人铲除残害百姓的秦贼,应当如同丧服在身,把抚慰人民作为根本。可如今,您刚刚进入秦朝的都城,就要安享其乐,这就是人们所说的'助桀为虐'啊!况且忠言逆耳利于行、良药苦口利于病,希望您听从樊哙的劝告。"刘邦听了这番话,顿有所悟,于是率军返回了霸上。

[**名师讲谈**]……

在秦末的各路起义军中,刘邦的实力并不是最强的,但最后的结果却是他夺得了秦朝的江山,建立起大汉帝国。究其原因,和他能知人善任、洞察人心有很大的关系。

所谓"知人善任",指的就是不但要了解人,还要懂得把他们用在合适的地方,让人各尽其才。最主要的,还得能听进不同人的意见,包括反对甚至斥责的声音。在这一点上,刘邦的做法充分体现出一个政治家的胸襟和气度。因此,面对樊哙的指责,他虽然动怒,却没有对樊哙进行进一步的处罚。而听完张良的劝告,他立刻明白了自己的理想与抱负所在,于是不再坚持己见,而是马上从皇宫中出来,返回霸上。而关于这一点,历史上有太多相反的例子。许多起义军在经过千辛万苦胜利在望的时候,却一头栽进金银、酒色之乡,以致军纪日益涣散,最后以失败告终,明末李自成起义即是一例。

而关于"洞察人心",刘邦更是做到了极致。据史料记载,回到霸上后,刘邦立即召集起各县的父老和有名望的人,向他们宣布废除秦朝的一切法令，与众人约法三章："杀人者死，伤人及盗抵罪。"这一做法，马上使"秦人大喜，争持牛羊酒食献飨军士"，不仅安定了民心、稳定了政局，更赢得了百姓的拥护和支持，为以后取得胜利奠定了基础。而刘邦之所以能够这么做，就是因为他明确地洞悉了百姓的心态。他知道，对于百姓来说，秦朝的严刑酷法是套在他们身上最沉重的枷锁，也是他们反抗秦朝的主要原因之一。因此，只要抓住了这一百姓最关心的问题加以解决，当然就会赢得民心。

易中天在《品三国》中曾这样说："在一切政治斗争和军事斗争中胜利的人，往往是洞悉人性、洞察人心的人。"刘邦无疑就属于这种人，因此，他得到了天下。

[闲话人生]

最好的木匠 有两个木匠，他们的手艺都很好。有一天，国王突发奇想："到底哪个才是最好的木匠呢？不如举办一场比赛，然后封胜者为'全国第一木匠'。"于是，国王找来两个木匠，命他们在三天之内雕刻出一只老鼠，谁雕刻得逼真，谁就是全国第一。

三天过去了，国王带着大臣们前来评判。只见第一个木匠雕刻的老鼠栩栩如生，连鼠须都会抖动。而第二个木匠雕刻的老鼠则只有老鼠的形态，却没有老鼠的神韵。国王和众大臣一致认为第一个木匠获胜。

第二个木匠抗议道："要决定我们俩的雕刻到底哪个更逼真，猫最有发言权。"国王想了想也有道理，于是派人抓来几只猫，让它们来评判。没想到，几只猫都不约而同地扑向那只并不像老鼠的"老鼠"，而那只栩栩如生的老鼠则完全被冷落了。事实摆在面前，国王只好把"全国第一"的称号给了第二个木匠。

事后，国王找来第二个木匠，问他雕刻的秘诀在哪里。第二个木匠说："很简单，我的那只老鼠是用鱼骨雕刻的。"

[心灵捕手]……

拥有一颗洞察的心

清代著名学者魏源说过："不知人之短，不知人之长，不知人长中之短，不知人短中之长，则不可以用人，不可以教人。"从这方面说，刘邦真是既懂得用人，更懂得教人了。据记载，刘邦夺得天下后，曾对他的大臣们说："运筹帷幄之中、决胜千里之外，我不如张良；镇国家、抚百姓，我不如萧何；战必胜、攻必取，我不如韩信。这三个人都是人杰，我虽不如他们，但却能善用他们，这就是我取得天下的原因。"在这里，"善用"的前提就是"知人"，既知人之长，也知人之短，采用他们的长处，避免他们的短处。

同样，第二个木匠之所以能取得成功，最主要的一点就是因为他洞悉，对于一只猫来说，在乎的不是老鼠"像或不像"，而是能吸引它的味道。这也可以说是木匠"知人"的变相体现。

其实，无论做什么事，我们都应该拥有一颗洞察的心，细心观察，认清它的本质，然后再抓住其最关键的地方加以解决和应对。

[品读经典故事]……

垓下兵败

—— 典出《资治通鉴·第十一卷》——

公元前202年，项羽率领楚军到达垓下，兵少粮尽，陷入汉军的重重包围。晚上，项羽听到汉军四面都唱起了楚歌，他大惊道："难道汉军已占领了楚地吗？为什么有这么多楚人？"于是，他连夜起来，率八百多人突出重围，向南奔逃。项羽一行到达阴陵时迷了路，他们向一个农夫问路，农夫骗他们说向左。结果，项羽等人陷入沼泽，被随后赶来的汉军追上。于是，项羽又领兵向东奔走，到达东城时，他身边只剩下了二十八人，而追来的汉军却有几千人。项羽料想自己无法脱身，便对手下的士兵说："我从起兵到现在已经八年，经历七十多次战斗从未败过，如今却被困在这里。这是老天要亡我，并不是我领兵有什么过错！"

于是，项羽将士兵分成四队，向四个方向冲杀。他自己也拍马闯入汉军中，斩杀了一百多人。随即，项羽又聚集起剩下的士兵，向东到达乌江。这时，乌江亭长已经把船准备好了，他对项羽说："江东虽然狭小，但土地千里，民众几十万人，也足以称王了。望大王火速渡江！"项羽笑着说："我率八千江东弟子渡江西征，如今却没有一人生还。即使江东父老怜爱我，仍以我为王，我又有什么脸面去见他们呢？"说完，项羽把战马送给亭长，又命令骑兵都下马，手持短兵器与汉军交战。仅项羽一人就斩杀了几百名汉军，他自己也受了十多处伤。这时，项羽看到汉军骑司马吕马童，便对他说："这不是我的老朋友吗？我听说汉王悬赏千金买我的头颅，我就把这个恩惠留给你吧。"说完，项羽便自刎而死。

[**名师讲谈**]……

公元前202年,垓下之战中,项羽兵败被困,自刎身亡。至此,长达五年的楚汉争霸宣告结束,天下重新归于统一。

纵观项羽起兵的历史,"三年而霸天下,五年卒亡其国。"短短八年的时间,从当初称霸西楚、分封诸侯到兵败垓下、乌江自刎,是什么使得这位"力拔山兮气盖世"的西楚霸王在如此短的时间内就遭受到毁灭性的打击?"刚愎自用、不善用人"应该是主要原因之一。一代名将韩信早年曾在项羽帐下为官,但从来没有得到过重用,因此他才投靠了刘邦,成为以后楚汉战争中项羽的主要对手之一。而后,项羽又中了汉谋士陈平的反间计,失去了唯一的智囊范增,从此,西楚霸王成了名副其实的"孤家寡人"。可悲的是,项羽并没有意识到自己的缺点,反倒发出了"天亡我,非用兵之罪!"的慨叹。对于这一点,西汉大学者杨雄在他的《法言》中曾这样说:"汉屈群策,群策屈群力;楚憨群策而自屈其力。屈人者克,自屈者负,天曷故哉!"意思是说,项羽憎恶采用众人的计谋,只发挥自己的作用。只

有善于发挥、利用众人智慧和力量的人才能取得胜利，而只凭自己智慧和力量的人必定失败，这与上天有什么关系啊！

其实，纵观古今中外的历史，大凡有成就的领导者、决策者都能够礼贤下士，唯才是举，这也是他们能取得成功的原因之一。别人不说，单说楚汉争霸中项羽的对手刘邦，正是因为他能做到知人善任，所以，当时在他的周围围绕了一大批人才：萧何、张良、韩信、曹参、陈平……靠着这些人的谋划和帮助，刘邦终于成就了自己的霸业。

如今，楚汉争霸的硝烟已经散去，人类的历史已经进入了一个和平、文明的时代。可是，项羽的人生悲剧所留给我们的教训却依然具有深远意义，它提醒着我们在前进的路上一定要学会认真听取不同的声音，博采众长，为我所用。

[闲话人生]……

陷阱 狐狸和野猪一起出去，狐狸走在前边。这时，他发现有个陷阱，于是便绕了过去，并对身后的野猪说："有陷阱，小心。"野猪不服气地哼了一声："别卖弄聪明了，谁不知道前边有陷阱？"

走了不远，狐狸又发现了一个陷阱，他看了看身后的野猪，心想："或许他真的能看出陷阱呢。我还是别说了，省得令野猪讨厌，也令自己难堪。"于是，狐狸一言不发，绕了过去，自顾自地走自己的路。谁知，刚走出不远，他就听到身后传来野猪的嚎叫声。

狐狸飞快地跑回去，发现野猪已经掉进了陷

阱。陷阱很深，狐狸也无计可施。这时，野猪愤怒地大骂道："该死的狐狸，和猎人串通一气，设陷阱来谋害我！"

听了野猪的话，狐狸一句话也没说，他找了些食物丢在陷阱里，然后默默地走了。

[心灵捕手]……

纠正性格中的缺点

在项羽的战争生涯中，由于他一贯坚信自己的决策与智慧，凡事都一意孤行，从不懂得珍惜身边的有用之才，使得一大批人才弃他而去，最终导致了兵败身死的下场。更为可悲的是，他至死也没有明白自己败亡的真正原因。

同样，故事里的野猪也犯了类似的错误，自己没有判断能力，却又对他人的提醒置若罔闻甚至恶语相向，从而使自己失去了避开危险的机会，落入猎人的陷阱，等待它的也只有死路一条。

很多时候，我们总是过于相信自己的智慧，以为凭借一己之力就可以解决任何问题。而一旦真正遇到问题的时候，我们往往会发现，自己那么不堪一击。于是，我们便又学会了将错误推到别人身上，甚至像项羽那样发出"天亡我，非我之罪"的慨叹。或者像那只愚蠢的野猪，以最坏的恶意揣测帮助过我们的人，最终不但失去了他人的相助，也很有可能招致失败的下场。

俗语说，"性格决定命运"，那么，从现在开始，就让我们努力纠正我们性格中的这些缺点，做一个懂得善听人劝、虚心纳言的人吧。

[品读经典故事]……

张骞通西域

——— 典出《资治通鉴·第十八、二十卷》———

公元前139年，为了联合大月氏攻打匈奴，汉武帝派张骞以郎官的身份出使月氏。张骞一行人取道陇西，经过匈奴腹地时，被匈奴单于擒获。匈奴单于派人将他们扣押起来，直至十多年后，张骞等人才得到机会逃了出来，继续未完成的使命。历经千辛万苦，张骞一行终于来到了大月氏，可这十多年间，月氏人生活稳定，不愿出兵，张骞只得启程返回汉朝。归途中，张骞又被匈奴捉住，扣押了一年多。后来，匈奴国内爆发动乱，他才趁机逃脱。

张骞回国后，向汉武帝详细介绍了西域各国的风土人情。他对汉武帝说："乌孙本来是匈奴的属国，后来逐渐强大起来，便不想再侍奉匈奴。如果我们现在用丰厚的礼物去贿赂乌孙，招他们东迁，与我们结为兄弟之国，就等于砍断了匈奴的右臂。而且，与乌孙结盟后，乌孙以西的大夏等国也都能招过来成为我们的属国。"

汉武帝觉得这话很有道理，便再次派遣张骞带着丰厚的礼品出使西域各国。张骞首先到达乌孙，乌孙国王接见了他。但乌孙因为自己距离汉朝太远，与匈奴相距又近，朝中大臣全都畏惧匈奴，因此不愿东迁。于是，张骞便分别向大宛、康居、大月氏、大夏、安息等国派出副使进行联络。随后，他起身返回汉朝，乌孙国王也派遣了数十人和张骞一同前往。不久，张骞所派出的副使连同各国的使臣也陆续返回汉都城长安。就这样，西域各国都开始与汉朝建立起联系。

[**名师讲谈**] ……

张骞出使西域本来是为了联合大月氏共同抗击匈奴，从这一点来说，张骞并没有成功，因为他没能达到同大月氏结盟的目的。在张骞以后的很长一段时间，匈奴一直是汉朝北方边境无法回避的威胁。可尽管如此，"张骞通西域"这一事件在中国历史上却具有特殊的意义，究其原因，就在于他的远行开辟了一条连接西汉和西域各国的通道，这条通道就是举世闻名的"丝绸之路"。通过"丝绸之路"，中华文明迅速向西方传播开来，在以后的几千年内，作为中国和中亚、西亚以及欧洲各国的交通要道，"丝绸之路"的影响远远超出了军事范围，这恐怕是当时以及后世的人们都始料不及的。

自春秋战国以来，西北广大地区一直是戎狄等少数民族的聚居地，中原地区的先进文化在那里始终得不到更广泛地传播。同样，对于这些少数民族，当时中原地区的人们也知之甚少，张骞就是在这种情况下出使的。那是一次极为艰险的旅程，茫茫的戈壁，飞沙走石、热浪滚滚；陡峭的葱岭，冰雪皑皑、寒风刺骨。张骞一行，风餐露

宿，备尝艰辛。更为可怕的是，沿途他们还要应对各种外敌的侵犯。可就在这样危险的境地中，张骞却没有忘记将沿途各地有关西域的政治、经济、军事、地理、民族风俗等情况一一详加记录。据史料记载，出使期间，张骞不仅访问了位于中亚的大宛、康居、大月氏和大夏诸国，而且从这些地方又初步了解到乌孙、奄蔡、安息、条支、身毒等国的情况。回长安后，张骞将他的所见所闻向汉武帝做了详细报告，这是我国和世界上对于这些地区最早也是最翔实可靠的记载，至今仍是世界上研究上述地区和国家的古地理和历史的最珍贵的资料。

"闻道寻源使，从此天路回。牵牛去几许？宛马至今来。"这是唐代大诗人杜甫避难秦州时写下的一首诗，诗中所歌颂的"寻源使"就是张骞。如今，作为一个历史人物，张骞已经消失在时间的长河里，但他身上所体现的那种无论何时何地都不言放弃，即使前路不同也会另辟蹊径的精神，同那条著名的"丝绸之路"一样，却将永载史册。

[闲话人生]……

舍本逐末 母狮病亡，狮王看着母狮的尸体心如刀绞，好几天都不吃不喝。大臣们劝谏道："大王，王后既然已经去世，就让它入土为安吧。"狮王一听觉得也对，于是，它为母狮举行了一个隆重的葬礼，并为它建造了一座华丽的坟墓。

从那以后，狮王每天都要到母狮的坟墓旁走走。有一天，狮王突发现母狮的坟前孤零零的，于是它就在旁边种下了许多鲜花。没过多久，狮王又觉得母狮的坟墓旁边还是差了点儿什么，它想了想，又种了不少树木。

许多年过去了，树木长得郁郁葱葱，花儿开得娇艳欲滴，狮王深深地陶醉在这种美景里。但是，它又总觉得这景色里有一种缺憾，经过仔细观察，狮王发现是母狮的坟墓破坏了眼前的完美。于是它下令把母狮的坟墓挪出了这个地方。

[心灵捕手]……

失之东隅，收之桑榆

世界上的许多事物都具有多面性，很多时候，我们看到的只是其中的一个侧面。以张骞为例，假如当初他在发现联合无望时便一蹶不振或是干脆留在匈奴，或许"丝绸之路"将永远是一个遥不可及的神话。

有一个成语叫做"蚌病成珠"，这是对生活最贴切的比喻。蚌因身体里嵌入了沙子，伤口的刺激使它不断分泌物质来疗伤，久而久之，这粒损害它身体的沙子反倒成了一颗晶莹璀璨的珍珠。对张骞来说，正是那十几年的磨难造就了"丝绸之路"这颗耀眼的珍珠。

同样，对于故事中的狮王，它虽然忘记了当时的初衷，但从另一个方面说，它也为后人留下了一座美丽的人间仙境。一座坟墓和一个仙境，哪个更容易带给人愉悦和快乐，答案不言而喻。所以，我们无论做什么事情，即使在做的过程中发现和我们的初衷不一样，我们也一定要认真对待，这样，我们可能会发现一个不一样的空间。也就是说，失之东隅，收之桑榆，但前提是用心去做。

《资治通鉴》中的大智慧

[品读经典故事]……

王莽篡汉

—— 典出《资治通鉴·第三十六卷》——

公元前1年,汉哀帝驾崩,即位的汉平帝只有九岁,由太皇太后王政君收回玉玺,大司马王莽摄政。公元1年,太皇太后下诏任命王莽为太傅,加封他为"安汉公",一切国家事务都交予王莽打理。

随着汉平帝年龄渐长,因为亲生母亲被王莽留在中山,不让他们母子相见,因此他对王莽心生怨恨。于是,王莽便借着向平帝进献椒酒的机会,在椒酒中下毒,平帝中毒,不久就驾崩了。为了继续把持朝政,王莽立年仅两岁的刘婴(汉宣帝的玄孙)为太子,自称"假皇帝"。

不久,王莽假借天降福瑞,要求太皇太后交出玉玺。太皇太后无奈,只好将玉玺交给王莽。公元9年,王莽下令去掉汉朝的名号,建立新朝。

[名师讲谈]……

中国历史上,外戚专权然后取而代之的事例比比皆是,"王莽篡汉"即是一例。

王莽是汉元帝的皇后王政君的侄子,他早年丧父,所以和其他叔伯家的兄弟相比,王莽凡事屈己下人,勤奋好学,对母亲和寡嫂孝顺有加,对各位叔叔伯伯更是谦恭有礼,结交的也是当时的名士。入朝为官后,王莽更是仗义执言,赢得了很多人的赞誉。但这些只不过是王莽的幌子。随着时间的推移,王莽逐渐掌握了西汉的军政大权,这时,他的本来面目也渐渐显露出来。公元9年,王莽终于废汉建新,自己做起了皇帝。做了皇帝的王莽立即一改昔日的作风。他改古制、行新法、征民工、加赋税,弄得百姓怨声载道,纷纷起来反抗,短短十五年的时间,新朝便走向了灭亡。

其实,像王莽这样的事例在人类历史上屡见不鲜。古罗马君主尼禄即位之初,表现得完全像一个仁慈的君主。他减低赋税、取消极刑、禁止流血性竞技、废止私刑逼供,赢得了百姓的拥护,人们纷纷欢呼罗马的黄金时代到来了。可这种时光仅仅持续了五年。五年后,尼禄开始暴露出其残暴的本性,他大肆屠杀,连他的母亲、妻子都未能幸免,整个罗马陷入一片腥风血雨。

唐代著名诗人白居易有诗云:"周公恐惧流言日,王莽谦恭未篡时。向使当时身便死,一生真伪有谁知?"白居易的感慨不无道理,倘若王莽不建立新朝,而是尽心辅佐孺子婴,他的一生或许真的可以和周公媲美。然而,这些只是假设,作为虚伪者的代名词,王莽以这样一个形象永远留在了中国的历史上。

[闲话人生] ……

喜鹊的故事　喜鹊到处自诩:"我是直筒子性格,爱讲真话,从来不怕得罪人。"不过也的确如此,只要遇到不顺眼的事儿,喜鹊总爱指责一气。比如,见了猪,他会斥责:"光吃不干的懒家伙!"

有一次,乌鸦总管来巡视山林。喜鹊见到他,笑脸相迎:"总管大人,见到您真幸运。总管大人,您的羽毛真美……"

乌鸦走后,一群鸟儿围上来质问喜鹊:"爱讲真话的先生,乌鸦的羽毛真美吗?"喜鹊支支吾吾,答不出一句话来。

[心灵捕手] ……

丢掉虚伪,还以真诚

真诚和虚伪是一个由来已久的话题。在我们的周围,也一直存在着这样两种人,一种人是真诚面对,坦荡做人;另一种人则是精心伪装,用虚假的言行来掩饰自己的内心。王莽无疑属于后一种人,他的谦恭带有极大的欺骗性,甚至本身就隐含着阴谋。同样,喜鹊处处标榜自己是直筒子脾气,可这种直筒子脾气针对的只是一些同类,这是虚伪的另一种表现。

生活中,因为各种各样的原因,我们也可能做一些虚伪的事情,或者说一些虚伪的话。可这样做的时候,我们往往会发现,自己的内心并不会得到真正的满足。道理很简单,虚伪的东西是经不起考验的。而真诚则恰恰相反,在它的面前,所有的艰难困苦都会悄然退去。那么,就让我们丢掉性格中的虚伪,以真诚的心对待每一个人吧。

[品读经典故事]……

刘秀保全功臣

—— 典出《资治通鉴·第四十三卷》——

光武帝刘秀在军中待的时间很长，他深知天下百姓疲惫不堪，渴望休息的心情。因此，自从陇、蜀平定之后，除非再有紧急的情况，刘秀都不再谈论军事。邓禹、贾复等大臣知道刘秀是想停止干戈，用礼乐教化进行统治，不愿功臣们拥有重兵。于是，他们二人交出军权，开始潜心研究起儒家经典。

刘秀也考虑到其他功臣今后的去向，想保全他们的爵位和封地，不让他们因为担任职务而犯下过失，便撤销了左、右将军的官职。于是，耿弇等人也交出了大将军的印信绶带，以侯爵的身份离开朝廷，回到自己的宅邸。

刘秀虽然对功臣们都不再任用，但却往往能维护包容他们，原谅他们的一些小过失。就是远方进贡的珍味美食，刘秀也一定先赏赐给那些功臣诸侯。因此，在刘秀统治的时期，功臣们全都得以保全他们的爵位和财产，没有被诛杀或谴退。

[名师讲谈]……

纵观整个中国历史，大肆杀戮功臣可以说是封建帝王特别是开国君主的一个通病，那些同他们一起创帝业打江山的功臣们往往很少能够得到保全。比如，春秋时期，越国名臣文种在帮助越王勾践灭吴后不久就被逼自杀；汉高祖取得天下后，诛杀了与他一起创业的韩信、彭越等人，以致韩信发出了"狡兔死，良狗烹；高鸟尽，良弓藏；敌国破，谋臣亡"的慨叹；而明太祖朱元璋更是创下了历史上诛杀功臣之最。

可在这一方面，光武帝刘秀却是一个特例，那些同他一起打天下的功臣几乎每个都得到了善终。其中原因，用刘秀自己的话来说就是："吾治天下，亦欲以柔道行之。"

的确，"以柔道行之"一直是刘秀在处理自己与臣子，特别是与那些开国功臣之间关系的最有效的一种手段，他在教诲臣下时就曾经说过："《黄石公记》中说：'柔能克刚，弱能制胜。'"因此，在对待开国功臣的问题上，刘秀始终采取"以柔相制"的方法。

例如，眼见大将军冯异权威日重，有人就向刘秀密告，说冯异准备自称咸阳王。刘秀闻听此言，不仅没有动怒，反倒把密信交予冯异。冯异大惊，上书辩解，刘秀回复道："将军之于国家，义同君臣，恩犹父子，何忧之有也？"一番话打消了冯异的恐惧，当然也使得他对朝廷更加忠心，这就是"柔术"的作用，即对待事情，不只是

一味地采用强权，而是懂得用柔和、缓静的方法解决问题。

不但如此，刘秀还借用各种机会将自己与众功臣的关系上升到政治关系之上，拉近自己与他们的距离。比如，在一次宴会上，刘秀曾开玩笑说："朕若是不起兵，就要终身做学问了。"太傅邓禹听后说道："我要是没有遇到陛下，可能只是个五经博士了。"杨虚侯马武更是笑着说："那我一定就是个抓强盗的差役了！"刘秀听了，说道："你马武自己不去做强盗就是万幸了，还说什么去抓强盗！"说完，君臣相对大笑。而这一点，正是刘秀将柔术运用得炉火纯青的表现之一。难怪清代大学者王夫之要发出"三代以下，君臣交尽其美，唯东汉为盛焉"的赞叹了！

[闲话人生]……

他把花都给了别人　父亲是一位牧师。那年，他开始担任新一任的牧师职务。前任牧师种下的那些花儿成了问题，因为孩子们到附近的学校上学时都要穿过那块花地，并且会折断刚刚开放的花儿。

一天早晨，父亲正站在花地里，一个小男孩走过来，问道："我能折一枝花儿吗？"

"你想要哪枝？"父亲问他。小男孩选了一枝开得很低的郁金香。父亲答应了，对他说："这花儿归你了。如果你把花儿留在这里，它还能开好几天。要是你现在折断它，那就只能玩一会儿，你想怎么办呢？"

小男孩想了想，说："那我就把它留在这儿，等我放学回来再来看它。"

那天下午，有二十几个孩子得到了他们想要的花儿，并且都同意将他们的花儿留在花园，直到它们枯萎。那年春天，父亲把整个花园的花儿都送给了别人，却没丢一枝。

[**心灵捕手**] ……

学会柔和

相信很多人都听过"北风和太阳"的故事，北风自持力量强大，想把行人的衣服脱下来，可它用尽力气，却徒劳无功。而太阳却不慌不忙，将温暖的光洒向大地，最后，行人自己脱掉了衣服。在这里，温和战胜了强硬，柔软战胜了刚强。从这一点来说，无论是光武帝刘秀还是故事中的父亲，他们都是运用了"柔软"的处事方式，用一种相对顺从、温和的方式去解决问题，从而达到自己的目的。

老子曾经说过："天下莫柔弱於水。而攻坚强者，莫之能胜。以其无以易之。弱之胜强。柔之胜刚。天下莫不知莫能行。"的确，水可以说是最柔弱的事物之一，然而它却能穿透最为坚硬的东西，所谓"水滴石穿"。很多时候，我们习惯于用强硬的态度对待一些事情，可结果往往不尽如人意。这个时候，我们有必要学习一下水，也就是"以柔克之"，用柔和的方法去对待身边的人和事，那时我们会发现，前行的路变得平坦了很多。

[品读经典故事]……

三顾茅庐

—— 典出《资治通鉴·第六十五卷》——

刘备在荆州的时候,向襄阳人司马徽寻访济世之才。司马徽说:"一般的儒生俗士如何懂得天下事?能知晓天下事、认清时务的只有俊杰,襄阳的俊杰,唯有伏龙、凤雏二人。"刘备听了,问司马徽,伏龙、凤雏指的是谁。司马徽回答:"伏龙就是诸葛亮,凤雏就是庞统。"

后来,徐庶来到新野拜见刘备,刘备对他很器重。徐庶对刘备说:"诸葛亮乃是卧龙,将军想要见他吗?"刘备听了,说:"好啊,请他与先生一起来吧。"徐庶说:"这个人,您可以去见他,但不可以召唤他来。所以,恳请将军能屈驾去拜访他。"

于是,刘备听从徐庶的建议,亲自去拜访诸葛亮,一共去了三次,才见到他。

[名师讲谈]……

"三顾茅庐"作为一个家喻户晓的故事,已经流传了将近两千年。《资治通鉴》对于"三顾茅庐"的具体情形记述得并不多,但"凡三往,乃见"却生动地表现出刘备的"顾"之不易。后来,经过一代又一代文人墨客的渲染,"三顾茅庐"的故事更是被增添了许多色彩,为后人所津津乐道。究其原因,刘备那种求贤若渴的急切心情和尊重人才的谦恭态度是打动人的关键。正是他这种态度,最终也打动了诸葛亮,在诸葛亮的辅佐下,刘备终于得以与曹操、孙权相抗衡,成就了"三分天下"的大业。

任何伟大的历史时代,任何伟大的事业,都需要一大批杰出的人才来创造。那么,如何才能吸引到更多的人才,为己所用?刘备的做法给我们做出了很好的表率。据《三国演义》记载,刘备初顾茅庐,"下马亲扣柴门";二顾茅庐,正值"朔风凛凛",但他仍冒雪而往;三顾茅庐,"选择吉期,斋戒三日,薰沐更衣",离庐半里"便下马而行",及至到达,又"拱立阶下",等候孔明睡醒。三次求顾,一次比一次庄重,一次比一次诚恳,诸葛亮"由是感激,遂许先帝以驱驰"。

其实,纵观中国历史,像刘备这样对待贤才谦恭备至的事例比比皆是,远到周文王渭水访姜尚,再到与刘备同时期"周公吐哺,天下归心"的曹操,正是在他们这种精神的感召下,一代又一代的仁人志士争先出仕,大展宏图,既在当时建立了不朽的功勋,也为后人留下了一段段佳话。

[闲话人生] ……

童话里的公主　以前有一位公主，她非常傲慢，认为整个国家所有的东西都是她的。第一天，公主看见大臣们在笑，吼道："谁让你们笑的！"于是大臣们都板起脸不敢笑了。第二天，公主看见宫女们都穿着艳丽的衣服，又吼道："谁让你们穿漂亮衣服的！"于是所有的宫女都换上了灰暗的衣服。第三天，公主去宫外玩，看见一群孩子在玩泥巴，接着吼道："不许玩！"孩子们一听，都吓跑了！

终于，有一天，国家里所有的人都因为畏惧公主跑到其他国家去了，偌大的王国只剩下公主一个人。她站在空旷的皇宫里，痛哭起来。

[心灵捕手] ……

谦恭待人

在我们的生活中，自己"三顾茅庐"或被人"顾于草庐之中"的事例并不多见，但学会谦恭待人，却是我们人生的必修课之一。

人生中，许多机遇往往是因为你的谦恭而得来的。刘备礼贤下士，所以得到了诸葛亮的相助，成就了天下三分的事业。同样，人生路上的很多挫折都是由于我们的傲慢所导致的，就如童话里的公主，对所有事物的挑剔最终使得她众叛亲离，一无所有。

纵观整个人类历史，真正伟大的人一般都是谦恭谨慎的，知道越多就越能认识到自己的不足。相反，一知半解的人多不谦恭，越是傲慢无知就越自命不凡。那么，在以后的生活中，我们应该选择一种什么样的做人态度？谦恭待人肯定是其中之一。

图书在版编目（CIP）数据

《资治通鉴》中的大智慧/龚勋主编. —汕头：汕头大学出版社，2012.1（2021.6重印）
ISBN 978-7-5658-0417-5

Ⅰ．①资… Ⅱ．①龚… Ⅲ．①中国历史：古代史－编年体－少儿读物 Ⅳ．①K204.3-49

中国版本图书馆CIP数据核字（2012）第003288号

《资治通鉴》中的大智慧
ZIZHITONGJIAN ZHONG DE DA ZHIHUI

总策划	邢涛	印刷	唐山楠萍印务有限公司	
主编	龚勋	开本	705mm×960mm 1/16	
责任编辑	胡开祥	印张	10	
责任技编	黄东生	字数	150千字	
出版发行	汕头大学出版社	版次	2012年1月第1版	
	广东省汕头市大学路243号	印次	2021年6月第7次印刷	
	汕头大学校园内	定价	34.00元	
邮政编码	515063	书号	ISBN 978-7-5658-0417-5	
电话	0754-82904613			

●版权所有，翻版必究 如发现印装质量问题，请与承印厂联系退换